An Introduction to Early Modern Literary Texts

留学生のための

近代文語文入門

―現代の日本と日本語を知るために―

庵 功雄◆著

スリーエーネットワーク

Published by 3A Corporation.
Trusty Kojimachi Bldg., 2F, 4, Kojimachi 3-Chome, Chiyoda-ku, Tokyo 102-0083, Japan

ISBN978-4-88319-897-9 C0081

First published 2021
Printed in Japan

まえがき

本書は、留学生のみなさんが近代文語文（文語文）で書かれた文章を読めるようになることを目的とした読解用の教科書です。

文語文は明治時代から太平洋戦争末ごろ（1868年ごろ～1945年ごろ）に主に論説や公的文書で使われた書きことばのことを言います。明治時代に起こった言文一致運動（話しことばと書きことばを近づけようとする言語変革運動）の結果、明治時代末期（20世紀初め）には文語文は一般の書きことばにおいてほぼ使われなくなり、法律などの公用文においても太平洋戦争敗戦直後以降は使われなくなりました。

それでは、現在使われていない文語文を読むことの意味（意義）は何でしょうか。それは大きく2つあると考えています。

1つ目は、明治時代の思想家の文章を原文で読めるようになることです。

幕末から明治にかけては、日本が近代国家に生まれ変わろうとした時代ですが、様々な思想家が現れた時代でもあり、その人たちが論じた内容には現在の日本やみなさんの国が抱えている問題に直結しているものも少なくありません。しかし、その多くは文語文で書かれており、現代語訳が出版されているものはほとんどないため、文語文を読む訓練をしないと、読むことはできません。

2つ目は、現代日本語の理解を深めるということです。

上で、文語文の時代は日本社会が大きく変動した時代であることを述べましたが、そうした変化が言語面にも現れました。例えば、古典日本語には時間（テンス・アスペクト）を表す助動詞が6つありましたが、文語文の時代にはその中から「たり」だけが生き残り、さらに、それが「た」になって現代語で使われるようになりました。現代語の「た」を英語に訳すと「過去」になるものと「現在完了」になるものがあるのは、こうした歴史的背景に由来します。このほかにも、文語（近代語）から現代語にかけて様々な変化が起こったのですが、そうした歴史を知ることで、みなさんの現代日本語に関する理解が深まると思います。

本書で、文語文を取り上げる意義は以上のようなことですが、文語文は簡単に読めるようになるのでしょうか。この問いの答えは、条件付きで「イエス」です。ここで言う「条件」は現代日本語のレベルに関するものです。文語文の理解には現代日本語に関しては上級（後半）レベルの日本語能力を持っていることが必要となります。本書では、上級レベルの日本語能力を持つ読者を想定して説明を行っています。

でも心配は要りません。現代語の知識以外の文語に関する前提知識はほぼ必要ありません。ただ一つ必要なのは、活用形の名称と順序として、「未然(形)、連用(形)、終止(形)、連体(形)、已然(形)、命令(形)」(現代語では「已然(形)」が「仮定(形)」になっています)を覚えていることです。ただし、この点についてもこの形で勉強しなかった人は新たに覚えてもらえばいいので、心配無用です。

試しに精読編46-47ページの中江兆民の文書を見てみてください。とても読めない！と思う人が多いと思います。しかし、私がこれまで10年以上授業で扱ってきた中で、最終的に（90分×15コマの授業を受けた後で）この文章が読めなかった人はほとんどいません。これは、漢字圏、非漢字圏を問わず、です。ですから、みなさんもどうか心配しないで、じっくり本書を読み進めていただきたいと思います。

本書は、文法編、精読編、文語と現代語編、リーダー編、付録からなります。

文法編では、本書を読むに当たって必要な最低限の文法的知識をまとめています。なお、個別の文法項目については精読編で詳しく説明しています。

精読編では、明治時代を代表する思想家である福沢諭吉と中江兆民の文章を取り上げ、文法と語彙の解説を読み、問題を解きながら、詳しく読んでいきます。文語文を読む上で必要な文法的知識は、精読編でほぼカバーできていると言えます。

文語と現代語編では、いくつかの表現を取り上げながら、文語（近代語）と現代語の対照を行っています。この部分に興味を持った方は参考文献に挙げた本などを手がかりに日本語学（日本語研究）の世界をのぞいてみてください。

リーダー編では、この時代の代表的な思想家の文章を取り上げました。精読編と合わせ、本書で論じられているテーマは、基本的人権の尊重、政治家に求められる資質、死刑廃止、憲法と護憲の本義、理想の経済社会、戦争における人間、日本の近代化観、公害との戦い、企業（人）に求められるモラルなど、今日の日本や世界でも完全には実現していないか、そのあり方が問われている問題ばかりです。ぜひ、文語文の知識を身につけて、これらの思想家の問いかけを読者自身のこととして考えてください。

付録では、旧仮名づかいや漢文訓読について触れ、参考年表も挙げています。

本書は、一橋大学国際教育交流センターにおける授業実践の中から生まれたものです。授業に参加し多くの貴重な意見をくださった留学生のみなさんに心から感謝します。

一橋大学における近代文語文の授業は、同留学生センター初代センター長である松岡弘先生によって始められました。松岡先生は『一橋大学学術日本語シリーズ7　留学生のための日本語教科書　学術日本語の基礎（二）近代文語文を読む』という近代文語文を対象とする日本国内初の優れた教科書を著され、本書をなすに当たり、私も大いに参考にさせていただきました。改めて心より感謝いたします。

本書が多くの方に読まれ、日本や日本語、さらには、自国と日本、自国と世界の関係などについて考えるきっかけになることを願っています。

2021年12月　庵　功雄

目次

リーダー編

付録

文法編

文法編では、文語文を読む上で最低限必要な文法的知識をまとめます。より詳しいことは精読編で扱います。

1．近代文語文とは

近代文語文（以下、**文語文**と言います）は、明治時代から太平洋戦争末ごろ（1868年ごろ～1945年ごろ）に主に論説や公的文書で使われた書きことばのことを言います。

2．文語文と現代語の関係

文語文は、内容が現代のものに近いので、文法がわかれば、辞書さえあれば簡単に読めるようになります。なお、みなさんは文語文で書いたり話したりする必要はないので、本書では、文章を読んで意味を理解するということに特化して話を進めます。

例えば、現代語の次の2文を比べてみましょう。

⑴　明日雨が降れば、家から出ない。

⑵　昨日雨が降ったので、家から出なかった。

現代語では、この2文の前件（従属節）はかなり異なる形をしています。しかし、これを文語文で言うと次のようになります。

⑶　明日雨降らば、家を出でず。（明日雨が降れば、家から出ない。）

⑷　昨日雨降りたれば、家を出でざりき。（昨日雨が降ったので、家から出なかった。）

⑶と⑷の前件を比べると、よく似ていることがわかります。これらはともに「条件表現」で、「降らば（未然形＋ば）」は「仮定条件」、「（降り）たれば（已然形＋ば）」は「確定条件」と言います。現代語では、この2つのうち、「仮定条件」だけが残り、「確定条件」は「原因・理由」（「～ので／から」や「～と」「～たら」）として表現されるようになったのです（→p.80「『たら』のいくつかの意味」）。

次に、⑶と⑷の後件を見てみましょう。⑶の「ず」は「ない」の文語の形です。

⑶’　出でず

　　　ない（出かけない）

一方、⑷の「ざりき」は「ざり」が「ず」の連用形、「き」が過去を表す「き」の終止形で、それぞれの語を現代語に直訳すると、現代語の意味になることがわかります。

⑷' 出でざり き
　　　ない た （出かけなかった）

このように、文語文の意味は、多くの場合、文法的な要素を現代語に直訳するとわかります（これを「1対1対応の原則」と呼ぶことにします）。したがって、文法的な要素の対応関係さえわかれば、文語文を読むことは難しくないのです（文語と現代語の関係は「文語と現代語編」p.71で改めて扱います）。このことを押さえた上で、以下では、文語文を読むために最低限必要な文法的知識をまとめます。

3．活用

述語になる要素が文法的な意味を表すために形を変えることを**活用**と言います。文語で活用するのは、動詞、形容詞（＝イ形容詞）、形容動詞（＝ナ形容詞）、助動詞です（日本語教育では（　）内の用語を使うことが多いです）。活用は、文語文を読む上で最も重要な項目なので、しっかり理解してください。

4．活用形

現代語では次のような**活用形**が使われています。

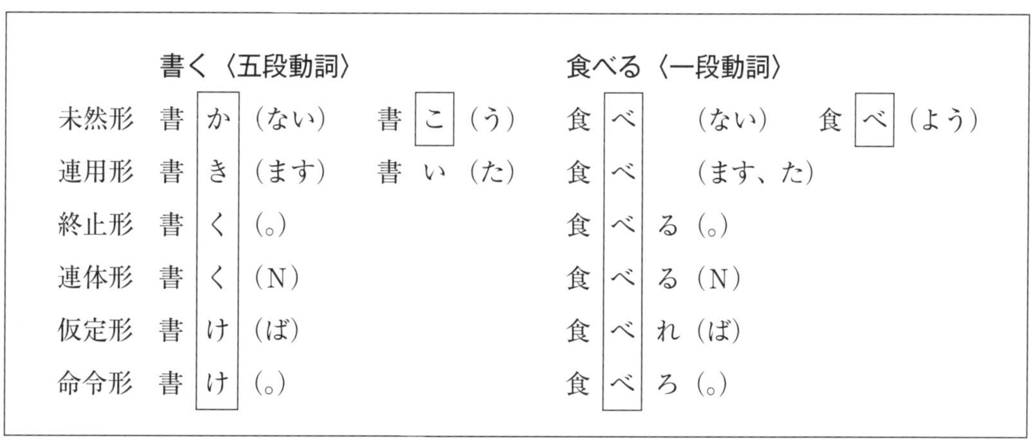

	書く〈五段動詞〉		食べる〈一段動詞〉	
未然形	書か（ない）	書こ（う）	食べ（ない）	食べ（よう）
連用形	書き（ます）	書い（た）	食べ（ます、た）	
終止形	書く（。）		食べる（。）	
連体形	書く（N）		食べる（N）	
仮定形	書け（ば）		食べれ（ば）	
命令形	書け（。）		食べろ（。）	

一方、文語では、仮定形が已然（いぜん）形になります。

	書く〈四段動詞〉			食ぶ〈下二段動詞〉			
未然形	書	か	（ず、む、ば）	食	べ		（ず、む、ば）
連用形	書	き	（たり）	食	べ		（たり）
終止形	書	く	（。）	食	ぶ		（。）
連体形	書	く	（N）	食	ぶ	る	（N）
已然形	書	け	（ば、ども）	食	ぶ	れ	（ば、ども）
命令形	書	け	（。）	食	べ	よ	（。）

各活用形には次のような特徴があります。

未然形（意向形）

まだ起こっていないことを表す形で、現代語では助動詞「ない、（よ）う、（ら）れる、（さ）せる」が続きますが（ex. 読まれる、食べさせる）、文語では助動詞「ず、む、（ら）る、（さ／せ）しむ」、助詞「ば」などが続きます。文語の「未然形＋ば」は、現代語の「仮定形＋ば、たら」に対応します。未然形は日本語教育の「ナイ形」に相当します（厳密には、ナイ形から「ない」を除いた部分が未然形です）。

なお、五段活用の未然形には「書こ（う）」のようにオ段で終わるものがあります。これには常に「う」がつきます（一段活用の場合は「よう」がつきます）（→p.74「未然形が2つあるのはなぜ？」）。

連用形

原因・理由、並列などを表したり（ex. 雨が降り、試合は中止になった。）、活用する語に続いたりする形で、現代語では「ます、た」や「て」、「始める、続ける、終わる」などに続きます（ex. 読み始める・読み続ける・読み終わる）。文語では助動詞「たり」や「き」、助詞「て」などが続きます。 日本語教育のマス形（から「ます」を除いた部分）、テ形（から「て／で」を除いた部分）に相当します。

終止形

現代語でも文語でも、文が終わるときの形です。日本語教育の辞書形に相当します。

連体形

名詞に続く形で、現代語では、形容動詞（ナ形容詞）を除いて終止形と同じ形ですが、文語では、四段活用タイプ以外では終止形と連体形は形が違います。

已然形

既に起こったことを表す形で「ば、ども」が続きます。「已然形＋ば」は、現代語に訳すとき「～ので／から」や「～と」「～たら」と訳すとうまくいくことが多いです。

命令形

現代語でも文語でも、命令を表すときの形です。

5．活用の種類

文語は現代語よりも活用が複雑ですが、特徴を押さえれば、それほど難しくはありません。ここでは、まず品詞ごとに活用を見て、その後、特徴をまとめます。

1）動詞の活用

動詞の活用は、大きく（1）四段活用（2）二段活用（3）その他、に分かれます。

（1）四段活用（ラ変を含む）

この活用は現代語の五段活用（日本語教育のⅠグループの動詞）に対応します。この活用の特徴は、終止形と連体形が同じ形であることです。ア段からエ段にわたって活用するため、「四段」活用と言います。

五段活用に比べ、未然形が1種類である（「書こう」「食べよう」に当たる形がない）こと、連用形も1種類で「て」や「た」は連用形にそのまま接続する（例えば、「なりて」であって「なって」ではなかった）といった違いがあります。

書く〈四段活用〉

未然形	書	か	(ず、む、ば)
連用形	書	き	(たり)
終止形	書	く	(。)
連体形	書	く	(N)
已然形	書	け	(ば、ども)
命令形	書	け	(。)

なお、「あり」（現代語：ある）は基本的に四段活用タイプですが、終止形が「ある」ではなく、連体形と形が違う点が四段活用と異なります。「あり」のタイプの活用をする語を**ラ行変格活用（ラ変）**と言います。

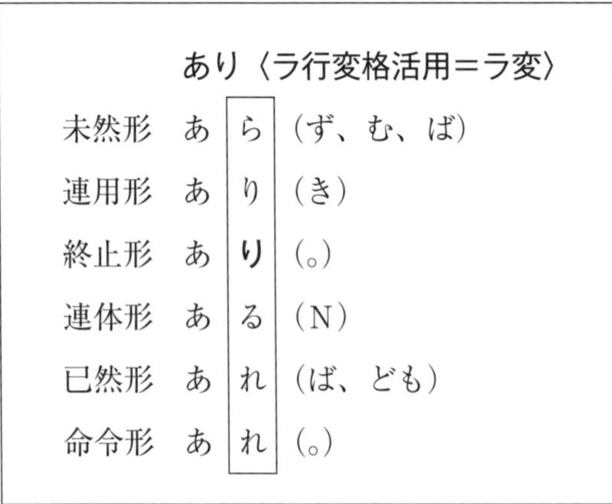

あり〈ラ行変格活用＝ラ変〉

未然形	あ	ら	(ず、む、ば)
連用形	あ	り	(き)
終止形	あ	**り**	(。)
連体形	あ	る	(N)
已然形	あ	れ	(ば、ども)
命令形	あ	れ	(。)

(2) 二段活用

この活用は現代語の一段活用（日本語教育のⅡグループの動詞）に対応します。この活用の特徴は、終止形と連体形の形が異なることです。ウ段とエ段にわたって活用する**下**（しも）**二段活用**が多いですが、ウ段とイ段にわたって活用する**上**（かみ）**二段活用**もあります。

	食ぶ（現：食べる）〈下二段活用〉				起く（現：起きる）〈上二段活用〉			
未然形	食	べ		（ず、む、ば）	起	き		（ず、む、ば）
連用形	食	べ		（たり）	起	き		（たり）
終止形	食	ぶ		（。）	起	く		（。）
連体形	食	ぶ	る	（N）	起	く	る	（N）
已然形	食	ぶ	れ	（ば、ども）	起	く	れ	（ば、ども）
命令形	食	べ	よ	（。）	起	き	よ	（。）

文語にも「上一段活用、下一段活用の動詞はありますが、そのグループに属する語は限られています。（→p.139付録「活用表」）

（3）その他

その他の活用のうち、現代語と共通するのは「来（く）」（現代語「来る」）の**カ行変格活用（カ変）**と「す」（現代語「する」）の**サ行変格活用（サ変）**です。

	来（く）（現：来る）〈カ行変格活用＝カ変〉			
	文語		現代語	
未然形	**こ**	（ず、む、ば）	こ	（ない、よう）
連用形	き	（たり）	き	（ます、た）
終止形	く	（。）	くる	（。）
連体形	くる	（N）	くる	（N）
已然／仮定形	くれ	（ば、ども）	くれ	（ば）
命令形	**こ／こよ**	（。）	こい	（。）

	す（現：する）〈サ行変格活用＝サ変〉	
	文語	現代語
未然形	せ　（ず、む、ば）	し　（ない、よう）
連用形	し　（たり）	し　（ます、た）
終止形	す　（。）	する（。）
連体形	する（N）	する（N）
已然／仮定形	すれ（ば、ども）	すれ（ば）
命令形	せよ（。）	せよ（。）／しろ（。）

＊「来」と「す」の活用は、現代語とほとんど同じであることがわかります。

＊「来」は未然形と命令形以外は上二段活用と同じで、「す」は連用形以外は下二段活用と同じです。

これ以外の動詞の活用については「付録」(p.139) を参照してください。

2）形容詞の活用

現代語の**形容詞**（イ形容詞）は「－い」で終わりますが、文語の形容詞は「－し」で終わります。また、終止形と連体形の形が異なります。

現　あの山は高い。（終止形）　高い山（連体形）

文　かの山高し。　（終止形）　高き山（連体形）

	高し〈ク活用〉				
未然形	高く　（ば）	高か	ら	（ず、む）	←高く＋あら
連用形	高く　（、）	高か	り	（き）	←高く＋あり
終止形	高し　（。）				
連体形	高き　（N）	高か	る	（べし）	←高く＋ある
已然形	高けれ（ば、ども）				
命令形		高か	れ	（。）	←高く＋あれ

＊形容詞の長い方の形は、次に助動詞が来る際、「あり」が加わったものが発音しやすいように変化したものです。このような形を**補助活用**と言います。

＊形容詞には連用形が「－く」になるもの（**ク活用**）と、「－しく」になるもの（**シク活用**）があります。

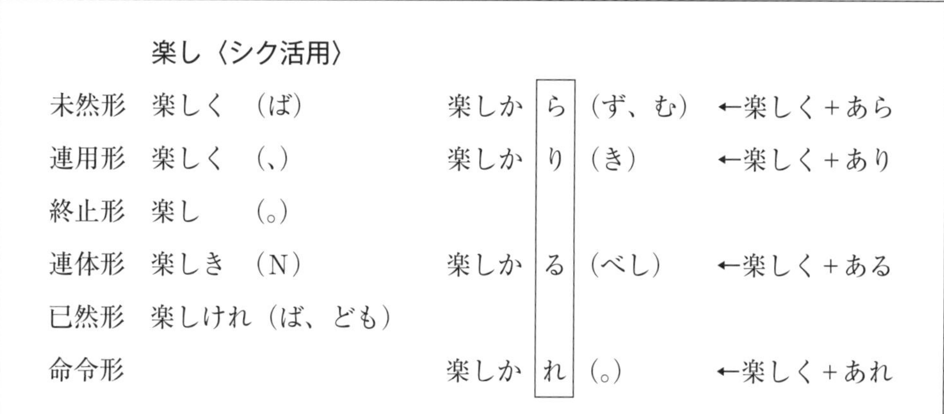

楽し〈シク活用〉

未然形	楽しく	（ば）	楽しか	ら	（ず、む）	←楽しく＋あら
連用形	楽しく	（、）	楽しか	り	（き）	←楽しく＋あり
終止形	楽し	（。）				
連体形	楽しき	（N）	楽しか	る	（べし）	←楽しく＋ある
已然形	楽しけれ	（ば、ども）				
命令形			楽しか	れ	（。）	←楽しく＋あれ

3）形容動詞の活用

形容動詞は、意味は形容詞的で活用は動詞的（「あり」と同じラ変）ということからこのように呼ばれます。

現代語の形容動詞（ナ形容詞）は連体形が「－な」で終わり、終止形が「－だ」で終わるので、活用する語の中で唯一終止形と連体形が異なります。

文語の形容動詞には**ナリ活用**と**タリ活用**がありますが、活用は「な」と「た」の違いを除いて同じです。現代語の形容動詞（ナ形容詞）の連体形は文語の形容動詞の「る」が落ちたものです。現代語ではタリ活用の語は化石的に残っているものに限られます。

現　この部屋は静かだ。（終止形）　静かな部屋　（連体形）

文　この部屋静かなり。（終止形）　静かなる部屋（連体形）〈ナリ活用〉

文　かの体躯堂堂たり。（終止形）　堂堂たる体躯（連体形）〈タリ活用〉

体躯：体つき、体格

＊彼は堂々たる体格をしている。（現代語に残る文語的表現）

	静かなり〈ナリ活用〉		堂堂たり〈タリ活用〉	
未然形	静かなら（ず、む、ば）		堂堂たら（ず、む、ば）	
連用形	静かなり（き）	静かに	堂堂たり（き）	堂堂と
終止形	静かなり（。）		堂堂たり（。）	
連体形	静かなる（N）		堂堂たる（N）	
已然形	静かなれ（ば、ども）		堂堂たれ（ば、ども）	
命令形	静かなれ（。）		堂堂たれ（。）	

＊「なり、たり」の部分の活用は「あり」と同じラ変です。

＊「なり」「たり」は名詞と結びついて「だ（です、である）」の意味で使われることも多いですが、活用の仕方は形容動詞の場合と同じです。

4）助動詞の活用

文語でよく使われる助動詞には次のようなものがあります。

る・らる、（さ／せ）しむ、たり、き、ん（む）、べし、ず

る・らる

受身、可能、自発、尊敬を表す（現代語の「（ら）れる」に相当）

接続：未然形につく　活用：下二段型

未然形	（ら）れ	読まれ（ず、む、ば）
連用形	（ら）れ	読まれ（たり）
終止形	（ら）る	読まる（。）
連体形	（ら）るる	読まるる（N）
已然形	（ら）るれ	読まるれ（ば、ども）
命令形	（ら）れよ	読まれよ（。）

＊「可能」の表し方は現代語と異なります。（→p.77「ら抜きことば」）

しむ

使役を表す（現代語の「（さ）せる」に相当）

接続：未然形につく　活用：下二段型

未然形	しめ	（ず、む、ば）
連用形	しめ	（たり）
終止形	しむ	（。）
連体形	しむる	（N）
已然形	しむれ	（ば、ども）
命令形	しめ／しめよ	（。）

たり

完了を表す（現代語の「た」に相当）

接続：連用形につく　活用：ラ変型

未然形	たら	（ず、む、ば）
連用形	たり	（き）
終止形	たり	（。）
連体形	たる	（N）
已然形	たれ	（ば、ども）
命令形	たれ	（。）

＊連用形に「と」がない点以外はタリ活用の「たり」と同じです。

＊時間を表す助動詞の中で「たり」だけが使われるようになり、現代語の「た」につながっていきます。（→p.75「テ形の難しさはどこから？」）

き

過去を表す（対応する現代語の形式はない）

接続：連用形につく　活用：特殊型

未然形	×
連用形	×
終止形	き　（。）
連体形	し　（N）
已然形	しか（ば、ども）
命令形	×

＊「×」はその活用形がないことを表します。

ん（む）

推量、意志を表す（現代語の「（よ）う」に相当）

接続：未然形につく　活用：四段型

未然形	×
連用形	×
終止形	む（。）
連体形	む（N）
已然形	め（ば、ども）
命令形	×

べし

当然、義務，推量などを表す

（意味的に現代語の「べきだ、はずだ」などに相当します）

接続：終止形、連体形につく　活用：形容詞型

未然形		べから（ず、む）	←べく＋あら
連用形	べく（、）	べかり（き）	←べく＋あり
終止形	べし（。）		
連体形	べき（N）	べかる（らむ）	←べく＋ある
已然形	べけれ（ば、ども）		
命令形	×		

＊文語で非常に多用される助動詞です（→p.82「統合から分析へ」）

ず

否定を表す（現代語の「ない」に相当）

接続：未然形につく　活用：特殊型

未然形		ざら（む）	←ず＋あら
連用形	ず（、）	ざり（き）	←ず＋あり
終止形	ず（。）		
連体形	ぬ（N）	ざる（べし）	←ず＋ある
已然形	ね（ば、ども）	ざれ（ば、ども）	←ず＋あれ
命令形		ざれ（。）	←ず＋あれ

＊連用形の「ず」は現代語でも使われます（e.g. 雨が降らず困っている。）。

＊已然形の「ね」は現代語の「〜ねばならない」の中に現れます。

＊形容詞の場合と同様に、「あり」のついた補助活用があります。

これ以外の助動詞の活用については「付録」(p.142) を参照してください。

5）活用のタイプの整理

以上で説明した文語の活用のうち、規則的なものは以下の3つのタイプにまとめることができます。

(1) 四段活用タイプ
(2) 下二段活用タイプ
(3) 形容詞タイプ

このうち、(1) 以外では終止形と連体形が異なります。

(1) 四段活用タイプ（ラ変を含む）

このタイプは、現代語の五段活用（日本語教育のＩグループ）とよく似ています。このタイプの特徴は、終止形と連体形が同じ形であることです。なお、「あり」(現代語：ある) およびそれと同じラ変の活用をする語（「なり、たり」など）は終止形以外は四段活用と同じです。

	書く〈四段活用〉	たり〈ラ変型〉
未然形	書か	たら（ず、む、ば）
連用形	書き	たり（き）
終止形	書く	**たり**（。）
連体形	書く	たる（N）
已然形	書け	たれ（ば、ども）
命令形	書け	たれ（。）

(2) 下二段活用タイプ（サ変を含む）

このタイプは、現代語の一段活用（日本語教育のⅡグループ）に対応します。このタイプの特徴は、終止形と連体形の形が異なることです。助動詞「（ら）る」「しむ」も下二段活用です。なお、「す」(現代語：する) およびそれと同じサ変の活用をする語（現代語の「する」動詞に相当する語）は連用形以外は下二段活用と同じです。

	食ぶ	しむ	抑圧す	
未然形	食べ	しめ	抑圧せ	（ず、ば、む）
連用形	食べ	しめ	抑圧し	（たり）
終止形	食ぶ	しむ	抑圧す	（。）
連体形	食ぶる	しむる	抑圧する	（N）
已然形	食ぶれ	しむれ	抑圧すれ	（ば、ども）
命令形	食べよ	しめ／しめよ	抑圧せよ	（。）

(3) 形容詞タイプ

現代語の形容詞（イ形容詞）は「－い」で終わりますが、文語の形容詞は「－し」で終わります。また、終止形と連体形の形が異なります。形容詞の他、「べし」「たし」などもこのタイプになります。このタイプでは、他の助動詞などと接続する際に発音しやすいように、「あり」の活用形を補うことがあります。

	高し			
未然形	高く	（ば）	高から（ず、む）	←高く＋あら
連用形	高く	（、）	高かり（き）	←高く＋あり
終止形	高し	（。）		
連体形	高き	（N）	高かる（べし）	←高く＋ある
已然形	高けれ	（ば、ども）		
命令形			高かれ（。）	←高く＋あれ

	べし		
未然形		べから（ず、む）	←べく＋あら
連用形	べく（、）	べかり（き）	←べく＋あり
終止形	べし（。）		
連体形	べき（N）	べかる（らむ）	←べく＋ある
已然形	べけれ（ば、ども）		
命令形	×		

6．その他の構文

最後に、文語でよく使われる表現を見ておくことにします。

(1) ～。いわんや（況んや）…においてをや

⑴　これ（政府に抵抗すること）を廃すれば決して良政美事を得ることなかるべし。況(いわ)んや彼(か)の初めより明かに圧制政府においてをや。　（植木枝盛「世に良政府なる者なきの説」）

「A。いわんやBにおいてをや」は、「Aですら～なのだから、ましてや、Bは言うまでもない」という意味で文語ではよく使われます。⑴は、「（人民が作った政府でも、）人民が政府への抵抗をやめたら、決してよい政治は得られない。ましてや、人民を抑圧する圧政政府の場合は、抵抗しなければならないことは言うまでもない」といった意味です。

(2) なんぞ～や／いずくんぞ～や

⑵　何んぞ兇［凶］悪人の我に多くして彼に少きや。（津田真道「死刑論」）

「何ぞ～や」は、「どうして～ということがあるだろうか。（いや、～ということはない）」という反語の表現で、やはり文語でよく使われます。⑵は「どうして凶悪人の数が我々の方に多くて欧米に少ないといったことがあるだろうか。いや、そんなことはない」という意味です。

同様の言い方に「いずくんぞ～や」もあります。

⑶　燕雀(えんじゃく)いずくんぞ鴻鵠(こうこく)の志(こころざし)を知らんや。

⑶は「ツバメやスズメのような小さな鳥にどうして大きな鳥が考えていることがわかるだろうか。いや、わかるはずがない」といった意味で、小人物に大人物が考えていることがわかるはずがないという意味の中国由来の諺です。

(3) ～ならずや／～にあらずや

⑷　飲食もって口腹(こうふく)を養い、衣服もって四体をおおい居室もって膝(ひざ)を容(い)るるをもって足れりとせば、またはなはだ容易ならずや。　（西周「人世三寳説（四）」）

これらは現代語の「～ではないだろうか」と同じく、筆者の主張を述べるときに使われる表現です。⑷は「飲食は空腹を満たすだけ、衣服は体を覆うだけ、部屋は膝を入れられるだけあればよいと考えれば、それを満たすのはとても簡単なことではないだろうか」という意味です。

精読編

『学問のすゝめ』二編

福沢 諭吉

【本文】

人は同等なる事

㋐初編の首［初め］に、人は万人皆同じ位にて生れながら上下の別なく自由自在云云とあり。今この義を拡めて言わん。人の生るるは天の然らしむるところにて人力に非ず。この人々互いに相敬愛して各々その職分を尽し互いに相妨ぐることなき所以は、もと同類の人間にして共に一天を与にし、共に与に天地の間の造物なればなり。譬［例］えば一家の内にて兄弟相互に睦しくするは、もと同一家の兄弟にして共に一父一母を与にするの大倫あればなり。

㋑故に今、人と人との釣合を問えばこれを同等と言わざるを得ず。但しその同等とは有様の等しきを言うに非ず、権理通義の等しきを言うなり。その有様を論ずるときは、貧富強弱智愚の差あること甚だしく、或いは大名華族とて御殿に住居し美服美食する者もあり、或いは人足とて裏店に借屋して今日の衣食に差支うる者もあり、或いは才智逞しうして役人となり商人となりて天下を動かす者もあり、或いは智恵分別なくして生涯飴やおこしを売る者もあり、或いは強き相撲取あり、或いは弱き御姫様あり、いわゆる雲と泥との相違なれども、また一方より見て、その人々持前の権理通義をもって論ずるときは、如何にも同等にして一厘一毛の軽重あることなし。即ちその権理通義とは、人々その命を重んじ、その身代所持の物を守り、その面目名誉を大切にするの大義なり。天の人を生ずるや、これに体と心との働きを与えて、人々をしてこの通義を遂げしむるの仕掛を設けたるものなれば、何らの事あるも人力をもってこれを害すべからず。大名の命も人足の命も、命の重きは同様なり。豪商百万両の金も、飴やおこし四文の銭も、已が物としてこれを守るの心は同様なり。

㋒世の悪しき諺に、泣く子と地頭には叶わずと。また云く、親と主人は無理を言うものなどとて、或いは人の権理通義をも枉［曲］ぐべきもののよう唱うる者あれども、こは有様と通義とを取違えたる論なり。地頭と百姓とは、有様を異にすれどもその権理を異にするに非ず。百姓の身に痛きことは地頭の身にも痛き筈なり、地頭の口に甘きものは百姓の口にも甘からん。痛きものを遠ざけ甘きものを取るは人の情欲なり、他の妨げをなさずして達すべきの情を達するは即ち人の権理なり。この権理に至っては地頭も百姓も厘毛の軽重あることなし。ただ地頭は富みて強く、百姓は貧にして弱きのみ。貧富強弱は人の有様にて固より同じかるべからず。然るに今富強の勢いをもって貧弱なる者へ無理を加えんとするは、有様の不同なるが故にとて他の権理を害するにあらずや。これを譬［例］えば、力士が我に腕の力ありとて、その力の勢いをもって隣の人の腕を捻り折るが如し。隣の人の力は固より力士よりも弱かるべけれども、弱ければ弱きままにてその腕を用い自分の便利を達して差支なき筈なるに、謂れなく力士のために腕を折らるるは迷惑至極というべし。

㊟また右の議論を世の中の事に当てはめて言わん。旧幕府の時代には士民の区別甚だしく、士族は妄に権威を振い、百姓町人を取扱うこと目の下の罪人の如くし、或いは切捨御免などの法あり。この法に拠れば、平民の生命は我生命に非ずして借物に異ならず。百姓町人は由縁もなき士族へ平身低頭し、外に在っては路［道］を避け、内に在って席を譲り、甚だしきは自分の家に飼いたる馬にも乗られぬ程の不便利を受けたるは、けしからぬことならずや。

㋔右は士族と平民と一人ずつ相対したる不公平なれども、政府と人民との間柄に至っては、なおこれよりも見苦しきことあり。幕府は勿論、三百諸侯の領分にも各々小政府を立てて、百姓町人を勝手次第に取扱い、或いは慈悲に似たることあるもその実は人に持前の権理通義を許すことなくして、実に見るに忍びざること多し。そもそも政府と人民との間柄は、前にも言える如く、ただ強弱の有様を異にするのみにて権理の異同あるの理なし。百姓は米を作って人を養い、町人は物を売買して世の便利を達す。これ即ち百姓町人の商売なり。政府は法令を設けて悪人を制し善人を保護す。これ即ち政府の商売なり。この商売をなすには莫大の費なれども、政府には米もなく金もなきゆえ、百姓町人より年貢運上を出して政府の勝手方を賄わんと、双方一致の上、相談を取極めたり。これ即ち政府と人民との約束なり。故に百姓町人は年貢運上を出して固く国法を守れば、その職分を尽したりと言うべし。政府は年貢運上を取りて正しくその使い払いを立て人民を保護すれば、その職分を尽したりと言うべし。双方既にその職分を尽して約束を違うることなき上は、更に何らの申分もあるべからず、各々その権理通義を逞しうして少しも妨げをなすの理なし。

㋕然るに幕府のとき、政府のことを御上様と唱え、御上の御用とあれば馬鹿に威光を振うのみならず、道中の旅籠までもただ喰い倒し、川場に銭を払わず、人足に賃銭を与えず、甚だしきは旦那が人足をゆすりて酒代を取るに至れり。沙汰の限りと言うべし。或いは殿様のものずきにて普請をするか、または役人の取計いにていらざる事を起し、無益に金を費やして入用不足すれば、色々言葉を飾りて年貢を増し御用金を言い付け、これを御国恩に報いると言う。そもそも御国恩とは何事を指すや。百姓町人らが安穏に家業を営み盗賊ひとごろしの心配もなくして渡世するを、政府の御恩と言うことなるべし。固よりかく安穏に渡世するは政府の法あるがためなれども、法を設けて人民を保護するは、もと政府の商売柄にて当然の職分なり。これを御恩と言うべからず。政府もし人民に対しその保護をもって御恩とせば、百姓町人は政府に対しその年貢運上をもって御恩と言わん。政府もし人民の公事訴訟をもって御上の御約［厄］介と言わば、人民もまた言うべし、十俵作り出したる米の内より五俵の年貢を取らるるは百姓のために大なる御約介なりと。いわゆる売言葉に買言葉にて、はてしもあらず。兎に角に等しく恩のあるものならば、一方より礼を言いて一方より礼を言わざるの理はなかるべし。（以下略）

[語彙・表現]

㋐

首［初め］：初め

生れながら：生まれつき

云云：などなど

拡む：拡張する

天：西洋的概念で言う「神」に近い概念

然る：そうである

人力：人間の力、能力

相：互いに〜する

各々：それぞれ

職分を尽す：職責を果たす

所以：理由

与にす：共有する

造物：造られたもの

睦しくす：なかよくする

大倫：人が行うべき大きな道

㋑

釣合：上下関係

権理通義：人が生まれた時から持っている基本的な権利。基本的人権に相当する

智愚：賢い人と愚かな人

甚だし：たいへん大きい

或いは〜或いは…：〜もあれば…もある

華族：明治維新のあと設けられた高い身分の人たち

人足：力仕事に従事する労働者

裏店：大通りではなく裏通りにある家

衣食に差支う：衣食に不自由をする

才智逞しうして：才能が豊かで

智恵分別：知恵や才能

おこし：お菓子の一種

持前の：固有の

如何にも：まったくその通りで

一厘一毛の（〜なし）：少しの（〜もない）

軽重：重みの違い

身代所持：家の財産として持っている

面目：メンツ（面子）

大義：重要な道理

通義：人が生まれつき等しく持っている権利

何らの事あるも：どんなことがあっても

豪商：大金持ちの商人

四文の銭(ぜに)：ごくわずかなお金

己(おの)が物：自分のもの

㋒

叶(かな)わず：勝てない

枉(ま)［曲］ぐ：道理をゆがめる

唱(とな)う：言う、述べる

百姓：農民

異(こと)にす：異なる

身に痛し：体で痛いと感じる

口に甘し：口に入れると甘い

情欲：欲望

他：他人

固(もと)より：初めから、言うまでもなく

無理を加う：無理な要求をする

不同なり：同等ではない

便利を達す：必要なことを行う

謂(いわ)れなく：理由なく

迷惑至極：たいへん迷惑だ

㋓

旧幕府：江戸時代の幕府（政府）

妄(みだり)に：わけもなく

我生命：自分の命

借物(かりもの)：借りたもの

由縁(ゆかり)（も）なし：関係のない

〜に在(あ)っては：〜では

甚だしきは：ひどい場合は

不便利を受く：不利益を受ける

けしからず：道理に合わずよくない

㋔

(相(あい))対す：向き合う、対峙(たいじ)する

勝手次第に：好き勝手に、好きなように

見るに忍(しの)びず：見ていてかわいそうになる

理(ことわり)：理由

費(ついえ)：出費

年貢運上(ねんぐうんじょう)：税金

勝手方：財政（この場合の「勝手」は台所のこと）

賄(まかな)う：費用にあてる

取極(とりきわ)む：決める

使い払いを立てる：使い方を決める

約束を違(たが)う：約束を破る

申分(もうしぶん)：不満、欠点（→申し分ない）

権理通義を逞(たくま)しうす：権理通義を発揮する

㋕

御用：（政府の）仕事

馬鹿に：愚かなぐらいひどく

威光を振う：偉そうに振る舞う

旅籠(はたご)：旅館

喰い倒す：飲食の代金を払わない

川場(かわば)：渡し場

人足(にんそく)：荷物を運ぶなどの力仕事をする労働者

賃銭：賃金、運賃

酒代(さかだい)：酒の代金

沙汰(さた)の限り：もってのほか、論外

普請(ふしん)：建物などを建てるための工事

入用(いりよう)：収入、歳入

御用金：幕府などが臨時に商人などに課した税金

渡世(とせい)す：生活する

商売柄：職務、仕事

公事訴訟(くじそしょう)：裁判

御約(やっ)［厄］介(かい)：面倒なこと、手間取らせること

〜俵：米を数える単位。1俵＝60kg

はてしもあらず：きりがない

兎(と)に角(かく)に：いずれにしても、とにかく

【解説】

> ㋐初編の首［初め］に、人は万人皆同じ位にて生れながら上下の別なく自由自在云云とあり。今この義を拡めて①言わん。②人の生るるは③天の然らしむるところにて④人力に非ず。この人々互いに⑤相敬愛して各々その職分を尽し互いに相妨ぐることなき所以は、⑥もと同類の人間にして共に一天を与にし、共に与に天地の間の⑦造物なればなり。譬［例］えば一家の内にて兄弟相互に睦しくするは、もと同一家の兄弟にして共に一父一母を与にするの大倫あればなり。

［文法］

① **言わん**：四段動詞「言う」の未然形＋「ん（む）」

「む」は、現代語の「～（よ）う」「～だろう」のもとになっている助動詞です。「む」は話しことばでは発音が「ん」に変わり、最終的に長音になりました。

　行かむ＞行かん＞行かう＞行こう、降らむ＞降らん＞降らう＞降ろう

現代語では、基本的に、「～（よ）う」は意志動詞にしか使えません。

⑴○明日は大学に行こう。

⑵×明日は雨が降ろう。

しかし、文語ではこの区別はなく、ともに「む」で表されていました。

⑴' 明日大学に行かむ。

⑵' 明日雨降らむ。

こうした言い方のなごりが現代語にも部分的に見られます。

⑶ こうした彼の主張にはかなり問題があろう。（＝あるだろう）

⑷ この分野には今後の発展性があると言えよう。（＝言えるだろう）

② **人の生まるるは**

人の：連体節の主語

現代語では、主節（および文）の中では主語は「が」で表しますが、名詞を修飾する節（連体節）の中では主語を「が」ではなく「の」で表すことがあります。文語では、連体

節の中では主語を「の」で表すのが普通です。

(1) 雨 {○が／○の} 降る日　　(連体節)
(2) 明日は雨 {○が／×の} 降る。(文)

生まるるは：下二段動詞「生まる」の連体形＋助詞「は」

現代語では、文の終わりの形（終止形）と名詞の前の形（連体形）が、通常同じです。

(3) この車は電気で走る。(終止形）／電気で走る車（連体形）
(4) この本は面白い。　(終止形）／面白い本　(連体形)

終止形と連体形で形が異なるのは、形容動詞（ナ形容詞）だけです。

(5) この部屋は静かだ。(終止形）／静かな部屋（連体形)

一方、文語では、四段動詞以外では、基本的に終止形と連体形の形が異なります。「生まるる」は、現代語の「生まれる」に当たる動詞「生まる」の連体形で、終止形（「生まる」）とは形が異なります。

現代語では、節と格助詞、とりたて助詞の間には「の」や「こと」などの、意味を持たない名詞（形式名詞）を入れます（ϕはそこに形のある要素がないことを表します)。

(6) 彼が来たのは（×来たϕは）5時ごろだ。
(7) 彼女の話が面白いことを（×面白いϕを）私は知っている。

文語では、動詞、形容詞などが連体形になると、形式名詞は普通使われません。

(8) 文　人の生まるるϕは
(9) 現　人が生まれるのは

③ 天の然(しか)らしむるところにて

然(しか)らしむる：動詞「然(しか)り」(そうである）の未然形＋助動詞「しむ」(させる）の連体形

「然(しか)り」は「そうだ」という意味の動詞で、「あり」と同じ活用をします。

「しむ」は現代語の「(さ）せる」に当たる助動詞で、未然形につきます。ここでは、次に「ところ」という名詞が来るため、「しむる」と連体形になっています。

「にて」は現代語の「で」に当たる助詞です。

④　人力に非ず

〜に非ず：〜ではない

「〜に非ず」は現代語の「〜ではない」に当たる言い方です。

⑤　相(あい)敬愛して

相(あい)〜：お互いに〜する、という意味です。「相(あい)」は「相談」の「相」で、「相談」は「お互いに話す」ということですね。

⑥　もと同類の人間にして

〜にして：〜であって、〜で

文語でよく使われる格助詞相当表現です。

⑦　造物なればなり

なれば：断定の助動詞「なり」（現代語の「だ、である」）の「已然形＋ば」です。「已然形＋ば」は、確定条件と呼ばれ、現代語の「〜から／ので」「〜と」に相当します。ここでは、「だから」と訳すとわかりやすいです。

なり：同じく「なり」の終止形で、「なればなり」は「だからである」となります。

〜所以(ゆえん)は…なればなり：全体で「〜のは…だからである」という意味になります。

[現代語訳]

㋐（「学問のすすめ」の）初編の最初に、人はみな平等で、生まれつき、上下の区別なく、自由自在である等々と書かれている。今、この意味を拡張して言おう。人が生まれるのは、天がそうさせるのであって、人の力によるものではない。人々がお互いに尊敬し合い、それぞれがその職責を果たして、お互いの邪魔にならないのは、人間はもともと同類であり、ともに天を共有し、ともに天と地の間に生まれた造物であるからである。例えば、家族の中で兄弟姉妹が互いに仲良くするのは、もともと同じ家の兄弟であって、ともに同じ父親、母親から生まれたという道徳上の大きな道理があるからである。

※造物：英語のcreatureと同じく、天や神によって作られたという含意があります。福沢は、人間同士が睦ましくするのは、兄弟姉妹が睦ましくするのと同様の原理によると言っているのです。

[読むとき、ここに注目]

㋐を読んで、次の質問に答えてください。

1．ここで、「人力」と対比されている語を挙げてください。

2．人々の間で平等が守られるべき理由を福沢はどのように考えているか説明してください。

㋑故に今、人と人との釣合を①問えばこれを同等と②言わざるを得ず。但しその同等とは有様の等しきを言うに非ず、権理通義の等しきを③言うなり。その有様を論ずるときは、貧富強弱智愚の差あること甚だしく、或いは④大名華族とて御殿に住居し美服美食する者もあり、或いは人足とて裏店に借屋して今日の衣食に差支うる者もあり、或いは⑤才智逞しうして役人となり商人となりて天下を動かす者もあり、或いは智恵分別なくして生涯飴やおこしを売る者もあり、或いは強き相撲取あり、或いは弱き御姫様あり、⑥いわゆる雲と泥との相違なれども、また一方より見て、その人々持前の権理通義をもって論ずるときは、如何にも同等にして⑦一厘一毛の軽重あることなし。即ちその権理通義とは、⑧人々その命を重んじ、その身代所持の物を守り、その面目名誉を大切にするの大義なり。⑨天の人を生ずるや、これに体と心との働きを与えて、⑩人々をしてこの通義を遂げしむるの仕掛を設けたるものなれば、⑪何らの事あるも人力をもってこれを⑫害すべからず。大名の命も人足の命も、命の重きは同様なり。豪商百万両の金も、飴やおこし四文の銭も、己が物としてこれを守るの心は同様なり。

[文法]

①　問えば：四段活用動詞「問う」の已然形＋ば

現代語では、「問えば」は「問う」の「仮定形＋ば」で、「もし問うとしたら」となりますが、文語では、「問えば」は「問う」の「已然形＋ば」で、「問うと」「問うから／ので」という意味になります。現代語の「問えば」と同じ意味になるのは「問わば」です。この仮定形と已然形の違いに注意しましょう。

②　言わざるを得ず

現代語にも「〜ざるを得ない」という言い方がありますが、それは「〜したくないが、仕方なく〜する」という否定的な意味になるのが普通です。

⑴　その計画には問題があると思ったが、賛成せざるを得なかった。

⑵？その計画には問題がないと思ったので、賛成せざるを得なかった。

文語の「ざるを得ず」は、必ずしも現代語の「ざるを得ない」のように「残念（遺憾）」という意味がなくても広く使えました。

⑶　彼説面白しと言わざるを得ず。（彼の意見は面白いと言わなければならない）

つまり、文語の「ざるを得ず」は現代語の「なければならない」または「ないわけにはいかない」に近いと言えます。

⑷　せっかく用意していただいたのでしたら、いただかなければなりませんね。
⑸？せっかく用意していただいたのでしたら、いただかざるを得ませんね。

③　言うなり：五段活用動詞「言う」の連体形＋助動詞「なり」

「なり」は現代語の「だ、である」に対応する助動詞ですが、動詞などの連体形につくと、現代語の「のだ」に当たる意味を表します。

⑴　何をか権利とし、何をか義務とす。その相扶け、相保つの道をいうなり。

（森有礼「妻妾論の一」）

〈訳〉　何を権利として何を義務とするのか。お互いに助け合い、お互いに生活を保つ方法を言うのである。

④　大名華族とて

～とて：～として、～と言って

文語でよく使われる格助詞相当表現です。

⑤　才智逞しうして：形容詞「逞し」の連用形＋「して」

「才智逞しうして」の「逞しうして」は、「逞しくして」の発音しやすくなった形（音便形。ウ音便）で、全体として、才能や知恵が優れていて、という意味です。

⑥　いわゆる雲と泥との相違なれども

「なれども」は助動詞「なり」の「已然形＋ども」で、「だけれども」の意味です。「雲と泥の相違」は「雲泥の差」という決まった言い方を指しているので、「いわゆる」と言っているのです。

⑦ 一厘一毛の軽重あることなし

「厘」も「毛」もとても少ないことを表す単位です。この言い方は、現代でも使われることがあります。

・割（10分の1）、分（100分の1）、厘（1000分の1）、毛（10000分の1）

(1) 野球の打率 .3421（3割4分2厘1毛）

⑧ 人々その命を重んじ

「その」には2つの使い方があります。1つは、(1)のように、前に出て来た名詞句を繰り返す場合で、英語のthe（定冠詞）に当たるものです。もう1つは、(2)のように、「その」が「それの」の意味で使われる場合で、英語のhis, her, its, their（代名詞の所有格）に当たるものです。

(1) 先日駅前の本屋で本を買った。その本はなかなかおもしろい。
(2) 先日駅前の本屋で本を買った。その内容はなかなかおもしろい。

現代語では、(2)の意味のときは、(2)'のように、「その」を省略することが多いのですが、文語では、「その」は(3)のように、(2)の意味で使われることが多く、「その」が省略されないのが普通です。

(2)' 先日駅前の本屋で本を買った。ϕ内容はなかなかおもしろい。
(3) 何をか民という。その務をなすの権と、その責を担当すべきの義とを有する者を指すなり。（森有礼「学者職分論の評」）
〈訳〉 どういう者を民と言うのか。自分の仕事をする権利と自分の責任を行う道理を持つ者を指すのである。

⑨ 天の人を生ずるや

現代語に「生じる」という動詞があります。少し固い語ですが、基本的に自動詞として使います。また、主語に人が来ることはありません。

(1) このままだと、問題が生じるかもしれない。
(2) 田中さんの家に、男の子が｛×生じた／○生まれた｝。

文語の「生ずる」は「生じる」に対応するものですが、他動詞としても使われ、また、人に対しても使われます。

(3) 天の人を生ずるや（天が人を生むときは）

なお、「や」は語調を整えるために使われる助詞で、現代語に訳す必要はありません。

⑩ 人々をしてこの通義を遂げしむるの仕掛を設けたるものなれば

「遂げしむるの仕掛」は、「仕掛」という名詞の前なので、「しむる」は連体形です（この例のように「の」が入ることもありますが、文語では、普通はこうした形式名詞は不要です）。「しむ」は現代語の「（さ）せる」に当たる助動詞ですが、現代語より多用されます。使役の文型の「をして」は現代語の「に」と同じ意味です。

(1) 太郎に本を読ませる。

(2) 太郎をして書を読ましむ。

「なれば」は、現代語の「だ、である」に当たる「なり」の「已然形＋ば」で、「だ／であるから」となります。

⑪ 何らの事あるも

文語の「も」は、特に連体形に続くときは、接続助詞として逆接の意味になることがよくあります。これは、現代語の「ても」に相当するものです。

⑫ 害すべからず：サ行変格活用動詞「害す」の終止形＋「べし」の未然形＋助動詞「ず」

助動詞「べし」の中心的な意味には、「～はずだ」「～べきだ」という2つのタイプがあり、文語でよく使われます。ここでは、「べからず」は「～べきではない」、つまり、「してはいけない」の意味です。「べし」は基本的に終止形に接続します（ラ変型の活用・形容詞・形容動詞では連体形につきます）。

[現代語訳]

㋑の現代語訳を書いてください。

㋑したがって、今、人と人との（上下）関係を問うと、これは対等だと言わなければならない。ただし、

つまり、その権理通義とは、人々が自分の命を大切にし、自分の財産を守り、その面子や名誉を大切にするという大義である。天が人を生むに当たっては、これに体と心の働きを与えて、人々にこの通義を遂げさせようという仕掛けを作ったのだから、どんなことがあっても、人間の力でこれを損なってはならない。

[読むとき、ここに注目]

㋑を読んで、次の質問に答えてください。

1. 権理通義とはどのようなことか簡単に説明してください。

2. 有様とはどのようなことか簡単に説明してください。

3. 有様が異なっていても権理通義としては平等だと言えるのはなぜですか。

㋒世の①悪しき諺に、②泣く子と地頭には叶わずと。また云く、親と主人は無理を言うものなどとて、或いは人の権理通義をも③枉［曲］ぐべきもののよう④唱うる者あれども、⑤こは有様と通義とを取違えたる論なり。地頭と百姓とは、有様を異にすれども⑥その権理を異にするに非ず。百姓の身に痛きことは地頭の身にも痛き筈なり、地頭の口に甘きものは百姓の口にも⑦甘からん。痛きものを遠ざけ甘きものを取るは人の情欲なり、他の妨げをなさずして達すべきの情を達するは即ち人の権理なり。この権理に至っては地頭も百姓も厘毛の軽重あることなし。ただ地頭は富みて強く、百姓は貧にして弱きのみ。貧富強弱は人の有様にて固より⑧同じかるべからず。⑨然るに今⑩富強の勢いをもって貧弱なる者へ⑪無理を加えんとするは、⑫有様の不同なるが故にとて他の権理を⑬害するにあらずや。これを譬［例］えば、力士が我に腕の力ありとて、その力の勢いをもって隣の人の腕を⑭捻り折るが如し。隣の人の力は固より力士よりも弱かるべけれども、弱ければ弱きままにてその腕を用い自分の便利を達して差支なき筈なるに、謂れなく⑮力士のために腕を⑯折らるるは迷惑至極というべし。

[文法]

①　悪しき諺

「悪しき」は形容詞「悪し」の連体形です。文語の形容詞は、終止形が「－し」、連体形が「－き」になるのが特徴です。「－き」で終わる連体形は、⑴⑵のように、現代語でもときどき見られます。

⑴　アマチュアスポーツにおける体罰は悪しき伝統の1つと言えよう。

⑵　AI（人工知能）に代表される新しい科学技術を受け入れつつ、古き良き日本の伝統文化を守っていくことが重要だと思う。

②　泣く子と地頭には叶わずと

「地頭」は中世の地方の権力者で、「泣く子と地頭には叶わず」は「泣いている子どもと地頭には理性的に話しても無駄だから、言うことを聞くしかない」といった意味のことわざです。文末の「と」の後には、「言う／ある」などの動詞が省略されています。

③　枉［曲］ぐべきもの

「枉ぐ（曲ぐ）」は、現代語の「曲げる」に当たりますが、特に、「枉」の字を使う場合、「信念を曲げる」のような「自分の考え方を不本意な方向に変える」という意味になります。

④　唱うる者あれども

「あれども」は「あり」の已然形＋「ども」で、「〜ども」は逆接を表します。これが固定化したのが現代語の接続詞「けれども」です。

⑤　こは

文語では、「これ」「それ」は「こ」「そ」だけで使われることが多く、「こは」「そは」はそれぞれ「これは」「それは」の意味です。

⑥　その権理を異にするに非ず

「〜に非ず」（〜ではない）は㋐の④にも出てきましたが、「〜」の部分には名詞だけでなく、連体形も入ります。

⑦　甘からん

助動詞「ん（む）」は未然形について、「〜（よ）う」「〜だろう」の意味を表します。形容詞の場合、補助活用の未然形である「〜から」につきます。

⑧　同じかるべからず

「べし」は終止形につきますが、形容詞につく場合は補助活用の連体形につきます。

⑨　然るに

「然り」は現代語の「そうである」に当たる動詞で、「然る」はその連体形です。連体形に続く「に」は接続助詞として逆接の意味になることが多く（現代語の「のに」に相当)、「然るに」は全体として、「それなのに」の意味になります。

⑩　富強の勢いをもって

〜をもって：〜で、〜を使って

文語でよく使われる格助詞相当表現です。

⑪　無理を加えんとするは

「(未然形＋) ん（む)」は現代語の「〜（よ）う」に当たり、「〜んとす」は「〜（よ）うとする」に相当します。

⑫　有様の不同なるが故に

「連体形／名詞＋（が）故に」は「〜（だ）から、〜（な）ので」の意味を表します。

⑬　害するにあらずや

「連体形／名詞＋にあらずや」の「〜にあらず」は「〜ではない」に、「や」は反語を表す終助詞で現代語の「か」に相当し、全体として現代語の「〜（こと）ではないだろうか」に当たります。

(1)　しかしてその一人にして歳俸の多き、あるいは千百人家（じんか）の衣食に充（みつ）るに足る者あり、これ過（あやま）てるにあらずや。　（杉亨二「人間公共の説（四)」）

〈訳〉　そして、1人で多くの給料を得て、千人の衣食を賄えるぐらいの者がいる。これは間違ってはいないだろうか。

⑭　捻（ひね）り折るが如（ごと）し

「Aは＋連体形／名詞（B）＋が如（ごと）し」は、「AはBのようだ」の意味です。

(1)　過ぎたるはなお及ばざるが如（ごと）し。(『論語』)

〈訳〉　やり過ぎることは足りないことと同じようなものだ。

⑮　力士のために

〜のために：〜によって（受身文の動作主)、〜のせいで（理由)

この場合の「〜のために」は現代語とはやや違う意味で使われています。

⑯　折らるるは

「折らるる」は五段活用動詞「折る」の未然形＋受身の助動詞「る」の連体形です。「る」は現代語の「れる」に対応します。

[現代語訳]

㋒の現代語訳を書いてください。

[読むとき、ここに注目]

㋒を読んで、次の質問に答えてください。

1.「悪(あ)しき諺(ことわざ)」とありますが、これらの諺(ことわざ)が「悪い」ものであるのはなぜですか。

2.「こは有様と通義とを取違えたる論なり」とありますが、これはどういう意味ですか。

㋓また①右の議論を世の中の事に当てはめて言わん。旧幕府の時代には②士民の区別甚だしく、士族は妄（みだり）に権威を振い、③百姓町人を取扱うこと目の下の罪人の如くし、或いは④切捨御免（きりすてごめん）などの法あり。この法に拠（よ）れば、平民の生命は我生命に非ずして借物（かりもの）に異ならず。百姓町人は由縁（ゆかり）もなき士族へ平身低頭し、外に在（あ）っては路（みち）［道］を避け、内に在って席を譲り、甚だしきは⑤自分の家に飼いたる馬にも乗られぬ程の不便利を受けたるは、けしからぬことならずや。

① 右の議論

原文は縦書きなので、「右」とありますが、「上述の」という意味です。

② 士民の区別

江戸時代には「士農工商」という身分制度があり、「士（武士）」と「農工商（町人、平民）」の間には大きな身分差別がありました。

③ 百姓町人を取扱うこと目の下の罪人の如くし

「ＡをＢすることＣの如くす」は「ＡをＣのようにＢする」という意味です。

④ 切捨御免（きりすてごめん）などの法あり

「切捨御免（きりすてごめん）」というのは、町人が武士に対して無礼な振る舞いをしたときには、武士はその町人を切り殺しても（切り捨てても）処罰されない（「御免（ごめん）」は許すの意味）という制度です。

⑤ 自分の家に飼いたる馬にも乗られぬ程の不便利を受けたるは

「乗られぬ程」は五段活用動詞「乗る」の未然形「乗ら」＋可能の助動詞「る」の未然形「れ」＋否定の助動詞「ず」の連体形「ぬ」＋「程」です。「程」は現代語の「ほど」とほぼ同じ意味です（「ら抜きことば」p.77も見てください）。

⑴ この1週間はネコの手を借りたいほど忙しかった。

[現代語訳]

㊁の現代語訳を書いてください。

㊉右は士族と平民と一人ずつ相対したる不公平なれども、政府と人民との間柄に至っては、なおAこれよりも見苦しきことあり。幕府は勿論、①三百諸侯の領分にも各々小政府を立てて、百姓町人を勝手次第に取扱い、或いは②慈悲に似たることあるもその実は人に持前の権理通義を許すことなくして、実に③見るに忍びざること多し。そもそも政府と人民との間柄は、④前にも言える如く、ただ強弱の有様を異にするのみにて権理の異同あるの理なし。百姓は米を作って人を養い、町人は物を売買して世の便利を達す。これ即ち百姓町人のB商売なり。政府は法令を設けて悪人を制し善人を保護す。これ即ち政府の商売なり。この商売をなすには莫大の費なれども、政府には⑤米もなく金もなきゆえ、百姓町人より⑥年貢運上を出して政府の勝手方を賄わんと、双方一致の上、相談を取極めたり。これ即ち政府と人民とのC約束なり。故に百姓町人は年貢運上を出して⑦固く国法を守れば、その職分を尽したりと言うべし。政府は年貢運上を取りて正しくその使い払いを立て人民を保護すれば、その職分を尽したりと言うべし。双方既にその職分を尽して⑧約束を違うることなき上は、更に⑨何らの申分もあるべからず、各々その権理通義を逞しうして⑩少しも妨げをなすの理なし。

[文法]

①　三百諸侯の領分

江戸時代に、領主である大名が治めていた領地を藩と言いますが、江戸時代には藩を治める大名が約300あったことから、全ての大名という意味で「三百諸侯」という言い方をします。

②　慈悲に似たることあるも

慈悲は、本来は、人々に楽を与え、苦しみを除きたいという心の動きを表す仏教のことばですが、領主（大名）が領地内の人々（領民）に対して支援を与えることを「御上のお慈悲」という言い方をすることがあります。

連体形の後につく接続助詞「も」は逆接を表すことが多いです。

③　見るに忍びざること多し

「忍ぶ」は「我慢する、耐える」という意味ですが、「見るに忍びず（現：見るに忍びない)」は「見ていられない」「見るに耐えない」という意味で慣用的に使われます。

④　前にも言える如く

「言える」は四段活用動詞「言う」の已然形＋完了の助動詞「り」の連体形で、「連体形＋如く」は「～（する／した）ように」という意味です。全体として、「前にも言ったように」という意味になります。

⑤　米もなく金もなきゆえ

「連体形＋ゆえ（故)」は「～（だ）から、～（な）ので」という意味です。

⑥　年貢運上を出して

年貢は農業に対する税で、運上は農業以外の漁業、工業、商業に対する税です。年貢は米で納めるのが基本でした。

⑦　固く国法を守れば

「守れば」は五段活用動詞「守る」の「已然形＋ば」なので、「守ったならば」（確定条件）となります。

⑧　約束を違うることなき上は

「違うる」は下二段活用動詞「違う」の連体形で、現代語では「違える」になります。「約束を違うる」は現代語の「約束を違える」と同じく、「約束を破る」の意味です。全体として、「約束を破ることがない以上は」という意味になります。

⑨　何らの申分もあるべからず

「何らのＮも～ず」は「どんなＮも～ない」、「申分」は「不満、欠点」という意味です。現代語では「申し分ない」の形で「問題ない、完璧だ」という意味で使われます。

(1)　彼女のプレゼンテーションは申し分ないものだった。

⑩　少しも妨げをなすの理なし

「少しも～なし」は現代語と同様、「少しも～ない」という意味です。文語では、この例のように、連体形と名詞の間に「の」が入る場合があります。こうした「の」は現代語に訳す場合「という」で訳すとよい場合が多いです。

[現代語訳]

㋔の現代語訳を書いてください。

[読むとき、ここに注目]

㋔を読んで、次の質問に答えてください。

1．二重下線A「これ」が指す内容を書いてください。

2．二重下線B「商売」と同じ意味で使われている語を本文から抜き出してください。

3．二重下線C「約束」の内容を書いてください。

㋕然るに幕府のとき、政府のことを御上様と唱え、御上の御用とあれば馬鹿に威光を振うのみならず、道中の旅籠までもただ喰い倒し、川場に銭を払わず、人足に賃銭を与えず、甚だしきは旦那が人足をゆすりて①酒代を取るに至れり。②沙汰の限りと言うべし。或いは殿様のものずきにて普請をするか、または役人の取計いにていらざる事を起し、無益に金を費やして入用不足すれば、色々言葉を飾りて年貢を増し③御用金を言い付け、これをA御国恩に報いると言う。そもそも御国恩とは何事を指すや。百姓町人らが安穏に家業を営み盗賊ひとごろしの心配もなくして渡世するを、④政府の御恩と言うことなるべし。固よりかく安穏に渡世するは政府の法あるがためなれども、法を設けて人民を保護するは、もと政府の商売柄にて当然の職分なり。Bこれを御恩と言うべからず。⑤政府もし人民に対しその保護をもって御恩とせば、百姓町人は政府に対しその年貢運上をもって御恩と言わん。政府もし人民の公事訴訟をもって御上の御約［厄］介と言わば、人民もまた言うべし、⑥十俵作り出したる米の内より五俵の年貢を取らるるは百姓のために大なる御約介なりと。いわゆる⑦売言葉に買言葉にて、⑧はてしもあらず。兎に角に等しく恩のあるものならば、一方より礼を言いて一方より礼を言わざるの理はなかるべし。

［文法］

①　酒代を取るに至れり

「連体形／N～に至る」は「ついに～ようになる」の意味で、「至れり」は四段活用動詞「至る」の已然形＋完了の助動詞「り」で「至った」の意味です。

②　沙汰の限りと言うべし

「沙汰の限り」は「言語道断、論外」という意味です。

③　御用金を言い付け

「御用金」は幕府が財政が悪化した際に、農民や商人などに課した金のことです。

④　政府の御恩と言うことなるべし

「～と言うことなり」であれば、「～ということだ」の意味ですが、「～ということなるべし」で、「べし」は「～に違いない、～のだろう」といった意味なので、全体として「～

ということなのだろう」という意味になります。

⑤　政府もし人民に対しその保護をもって御恩とせば

「せば」はサ行変格活用の動詞「す」の未然形「せ」＋「ば」です。

⑥　十俵作り出したる米の内より五俵の年貢を取らるるは

年貢の負担料を「五公五民」「六公四民」（「公」は年貢の分、「民」は農民の手元に残る分）などと表すことに合わせた表現で、「五公五民」に当たります。

⑦　売言葉(うりことば)に買言葉(かいことば)

乱暴な言い方をされて、それに対して乱暴な言い方で対応した結果、口論になることを言います。

⑧　はてしもあらず

「はてし」は終わりを表す「はて」に強調の助詞「し」がついたもので、後に否定の語を伴います。「はてしもあらず」は「切りがない」という意味になります。

[現代語訳]

㋕の現代語訳を書いてください。

[読むとき、ここに注目]

㋕を読んで、次の質問に答えてください。

1．二重下線A「御国恩」は一般的にはどのようなことだと考えられていますか。それに対して、福沢はどのように考えていますか。

2．二重下線Bの「これ」が指すものを書いてください。

福沢 諭吉（ふくざわ ゆきち） 1835（天保5）～1901（明治34）

中津藩（現在の大分県）の出身の武士。大坂（大阪）で緒方洪庵が作った適塾で蘭学（オランダ語を用いた西洋の学問）を学ぶ。その後、江戸で英語を学び、幕府がアメリカに派遣した軍艦咸臨丸で渡米する。帰国後、慶應義塾を創設し、後進の育成に当たるとともに、西洋の知識を日本に取り入れることに尽力した。朝鮮の独立を支援していたが、甲申事変の失敗を機に朝鮮の近代化を諦め、「脱亜論」を著し、「脱亜入欧」の姿勢を強めた。

「学問のすゝめ」は、明治初期のベストセラーで、「天は人の上に人を造らず人の下に人を造らず」という冒頭のことばが有名である。全体として、明治という新しい時代における学問の意義を説いたものである。

「文明論之概略」は福沢の主著の1つで、西洋と日本の文明を比較した明治初期における民間の歴史書を代表するものとされている。

確認問題（文法）

1．例にしたがって、次の文の下線部の語の説明をしてください。

例．地頭の口に甘きものは百姓の口にも甘からん。

甘からん：「甘し」の未然形＋「ん（む）」の終止形

(1) 日本服に帽子は先（ま）ず調和せられたりといわん。（夏目漱石「断片」）

いわん：

(2) 元（も）と君臣は人の生れて後に出来たるものなれば、（福沢諭吉「文明論之概略」）

なれば：

(3) 吾人は知る、是（こ）れ実に諸君の希（ねが）う所にあらざることを（幸徳秋水「兵士を送る」）

あらざる：

(4) 国の文明に便利なるものなれば、政府の体裁（ていさい）は立君にても共和にても、その名を問わずしてその実を取るべし。（福沢諭吉「文明論之概略」）

便利なる：

問わず：

(5) 棄てたる時に悪漢あって拾い去らざりしは（夏目漱石「断片」）

棄てたる：

去らざりし：

(6) 本書は固よりこれに代わるべきものにはあらざれども、（美濃部達吉「憲法講話」）

あらざれども：

(7) 飲むと飲まざるとにおいて何ら影響の異なるなかるべし（河上肇「経済上の理想社会」）

なかるべし：

2．次の文を現代語に訳してください。

(1) たといその人懲悔するところあるも、その人すでに死して、その心魂（しんこん）その体にあらず

（津田真道「死刑論」）

懲悔す：悔い改める　心魂（しんこん）：こころとたましい

(2) 初めより良政府と保する者は未だこれあらざるべければ、断えず視察監督抵抗するだけはこれをなさざるべからず。（植木枝盛「世に良政府なる者なきの説」）

良政府と保する：良い政府だと保証できる

これ：語調を整える語で、訳さなくてもよい

(3) 英・米・蘭・白のあい悪むは本（もと）を同（おなじ）うして分るればなり。（西周「愛敵論」）

蘭：オランダ　白：ベルギー　悪む：憎む　同（おなじ）うす：同じである

分る：分かれる

調べてみよう、考えてみよう

1. 江戸時代の身分制度について調べてみよう。

2. 1との関連で、ここで取り上げた福沢の文章の内容で新しいと考えられる点について考えてみよう。

3. 福沢の言う「約束」という考え方について考えてみよう。

4. ここで取り上げた文章で福沢が指摘している「権理通義」の平等が現代においてどのように保証されているかを、日本やみなさんの国の憲法との関連で考えてみよう。

5. 4に関連して、そうした「権理通義」における平等が現在の日本において実際に守られているかについて調べて、考えてみよう。

6. ここで取り上げた福沢の考え方の問題点、限界などについて考えてみよう。

「為政者それ鑑みる所あれ」

中江 兆民

【本文】

為政者それ鑑みる所あれ

㋐ああ危殆なるかな実に岌々乎たり、数千無識の徒相聚［集］りて一団をなし、自ら号して官吏と称し以て数千百万の民に蒞［臨］み、その政を発し令を施すやかつて天下の大勢に適合せず苟且因循以て一時の安を貪ぼり、位に拠り禄を利し唯耳目口体の慾［欲］これ殉［従］うて、復た理義を以て自ら検飾することを知らず。その頼みて以て政策となす所は、曰く天子の尊威に憑藉して以て自らその位を固むるなり。曰く海陸軍卒に依恃して以てその衆を威するなり。曰く陰計狡謀を用いて以て群下の自由権を抑遏［圧］するなり。凡そその図謀する所は大率ねこの数項に出でずして、眼を永遠に注ぎ心を全局に留むることは夢にもこれを想像せず。顧うにかの数千万の民は果て能くこの輩のなす所に安んじて心に怨むる所なきか、ああ危いかな岌々乎たり、これはこれ法朗西路易十五世在位の時の形勢なり。

㋑けだしかつてこれを論ず、自由の説はなお火の如きなり。

火の石中に潜みていまだ外に発せざるや頑然たる一塊のみ。これを踏藉すること得べきなり、これを翻弄すること得べきなり、これを擲投すること得べきなり、一旦迸発して薪につくに及びては炎然として興り、爆然として熾［盛］にして復た撲滅すべからず。

自由の説のいまだ起らざるや斯民は即ち鄙陋怯懦の一群団のみにして、その冀［希］望する所は一時の安楽に過ぎず。この時に当りては上の人の政を施してその望を博すること必ずしも難きにあらず。

一朝自由の説起るに及びてはその願欲する所は専ら自由の一点に萃［集］まりて復た回顧せしむべからず。しかしていわゆる自由の説甲より乙に伝え右より左に遷り漸次に瀰漫して、一国の民一人もこれを熱望せざるなきに至る。

㋒かくの如き者は古今の常道にして人情の固然なり、東西洋の同き所なり、黄白族の等き所なり。たといその自由の説いまだ興発せざるに先ちて術を構え計を設けてこれが予備をなすも、なお早晩必ず興発するあり。しかるをその既に大に興発してほとんど国中にあまねきに至りて、なお区々の小計を恃［頼］みてこれを抑圧せんと欲するは、また何ぞ大勢を識［知］らざるの甚きや。

㋓火の積薪に蔓延して焔烟天に漲るを見て、一抔［杯］の水を灌［注］ぎてその撲滅するを望むときは、誰れかその愚を笑わざる者あらん。しかして路易の朝のなせし所は正さにこれと一般にして、後世史を読む者をして実に嗟嘆に堪えざらしむ。

顧うに路易の朝の百官もまた必ずしも皆庸愚するにあらず、その中またすこぶる事理に通ずる者あり。しかしてかつて当時の大勢を看破するを知らざりしは真に怪むべきなり。

㋔またかつてこれを論ず、凡そ一官に任じ一職を司り以て斯民に望む者は、学術に通じ事務に錬達することは固より必要とする所たるに論なしといえども、そもそも私慾［欲］の念を絶ちて常に意を公共の利益に留むること尤［最］もその務となすべき所なり。

私慾［欲］の念一たび起るときは通達の才ありといえども復た自ら用ゆることを得ず。是に知る純誠正直の心は凡そ人たる者皆これあらざるべからずして、民の上たる者は尤［最］もまさに意を此に留むべきなり。

㋕今それ世の父母たる者を観［見］るに、初より人に超ゆるの才能あらずといえども、その愛児のために計画する所あるときは大抵時宜に中［当］らざることなし。これ他なし、その児を愛するの情極て盛なるを以てその心を執ること自ら純誠なるを以てなり。

仮し路易の朝の宰相をしてその民を愛すること父母の子におけるが如くならしめば、その心を処することまた必ず純誠にして私慾［欲］のために蔽［覆］わるることなかるべし。誠にかくの如くなるときはその人民の自由の説を鼓倡するを見て必ずいわん、自由の説一たび興発するときはこれを抑圧せんと欲するも得べからず、如かず速にこれをしてその願欲する所を得せしめんにはと。必ずいわん、自由の説は独り抑圧すべからざるのみならず、人の上たる者はまさに益々これを勧奨してその盛を極めしむべしと。

㋖誠にかくの如くなるときは、その政を発し令を施すこと必ず時宜に適し大勢に応じ、当時の人心を悦ばして後世の称讃を得たらんこと何ぞ疑を容れん。

是に慮らずしてその号令する所いよいよ出でていよいよ拙を示めし、天下後世の笑を取るに至りたるは他なし、一私慾［欲］の念その心胸に横わりその眼孔を蔽［覆］うて自らこれを除去することを知らざればなり。世の為政者それ以てこれに鑑みる所あれ。

[語彙・表現]

為政者：政治を行う人

鑑みる：過去の事例などを考慮する

㋐

危殆なり：危険である

岌々乎たり：危険である

無識の徒：物事がわかっていない人間

自ら号して官吏と称し：官僚と称して、官僚と名乗って

～に蒞［臨］む：～と対する

政を発し令を施す：政令を出す

大勢：（世の中などの）大きな流れ

苟且因循：その場限りで、古い方法に従い、改めようとしないこと

一時の安を貪ぼる：一時的な安定に執着する

位：地位

禄：（官僚としての）給料

耳目口体の慾［欲］：肉体的な欲望

理義を以て自ら検飾す：道理や正義を身につける

頼む：頼みとする、よりどころとする

天子：天皇、皇帝

尊威：権威

～に憑藉す：～の権威を借りる

固む：（地位などを）固める

卒：兵士、兵力

～に依恃す：～の力を頼む

衆を威する：大衆を威圧する

陰計狡謀：悪だくみ

群下：大衆

凡そ：大体のところ

図謀す：はかりごとをめぐらす

数項に出でず：数項目を出ない、数項目に限られる

全局：全体、大局

顧うに：私が考えるに

この輩：このような連中

なす：する

安んず：安心する

法朗西路易十五世：フランス国王ルイ15世（在位1715－1774）。政治に無関心でフランスの衰退を招いたとされる

㋑

けだし：おそらく

～に潜む：～の中に隠れている

発す：現れる

頑然たり：硬い

一塊：一つのかたまり

踏藉す：踏みつける

翻弄す：もてあそぶ

擲投す：投げ捨てる

一旦：ひとたび

迸発す：外にあふれ出る

炎然として興る：炎となって立ち上り

爆然として：爆発的に

熾［盛］にして：盛んに燃えて

撲滅す：消火する

斯民：市民

鄙陋怯懦：行動が卑しく、臆病な

この時に当りては：こういうときには

望を博す：希望を実現する

難し：難しい

一朝：ひとたび

自由の説起るに及びては：自由という考え方が起こった上は

願欲す：望む、渇望する

専ら自由の一点に萃［集］まる：自由という一点に集まる

回顧す：思い直す

甲より乙に伝う：甲から乙に伝わる（「甲」「乙」は「A」「B」に相当する記号で、複数の人を区別するときなどに名前の代わりに使われる）

遷る：移る

漸次に：次第に
瀰漫す：一面に広がる

ウ

かくの如き者：このようなこと
古今の常道：時代に関係ない一般的なやり方
固然：本来の姿のまま
黄白族：黄色人種と白色人種
たとい：たとえ
興発す：起こる、勃発する
術を構へ計を設く：いろいろな策をめぐらせる
予備をなす：予防する
早晩：遅かれ早かれ、いずれ
しかるを：それなのに
あまねき：全てのところ
区々の小計を恃みて：小さなはかりごとを用いて
〜の甚きや：〜がどれほど大きいことか

エ

積薪：積んである薪
〜に蔓延す：〜全体に広がる
焔烟天に漲る：煙と炎が空一面を覆う
その愚を笑う：その愚かさを笑う
しかして：しかし
朝：王朝
史：歴史（書）
嗟嘆に堪えず：非常に残念だと思う
百官：多くの役人
庸愚す：平凡で愚かである
すこぶる：非常に
事理に通ず：物事がわかっている
看破す：見通す
怪む：不思議に思う

オ

一官に任じ一職を司る：一定以上の役職に就いてその仕事を管轄している
固より：はじめから、もともと
私慾［欲］：個人的な欲望
意を〜に留む：意識を〜に向け続ける
務となす：任務だと考える
通達の才：物事をよく知っているという才能
純誠正直：純粋で正直な

カ

人に超ゆ：他人を超える、他人より優れた
愛児：愛する子ども
〜する所あるときは：〜するときには
大抵：だいたいの場合
時宜に中［当］らざることなし：その場合において適切でないことがない
他なし：他でもない
心を執る：心を動かす、働かせる
仮し：もし
心を処す：心を動かす、働かせる
私慾［欲］のために蔽［覆］わる：個人的な欲望に目がくらむ
誠に：まさに、本当に
鼓倡す：唱える
〜に如かず：〜するしかない
速に：すぐに
勧奨す：奨励する
盛を極む：最高潮を迎える

キ

大勢に応ず：天下の情勢に対応する
悦ばす：喜ばせる
何ぞ疑を容れん：どうして疑いを入れることができるだろうか、疑い得ない
是に慮らずして：このことを考えずに
号令す：命令する、政策を行う
いよいよ：ますます
拙：下手なこと、無策
天下後世の笑を取る：天下後世の笑い物になる
〜は他なし：〜は他でもない
眼孔を蔽［覆］う：目を覆い隠す

【解説】

㋐ああ①危殆なるかな実に岌々乎たり、数千無識の徒相聚［集］りて一団をなし、自ら号して官吏と称し以て数千百万の民に莅［臨］み、②その政を発し令を施すやかつて天下の大勢に適合せず苟且因循以て一時の安を貪ぼり、③位に拠り禄を利し唯耳目口体の慾［欲］これ殉［従］うて、④復た理義を以て自ら検飾することを知らず。その頼みて以て政策となす所は、⑤曰く天子の尊威に憑藉して以て自らその位を固むるなり。曰く海陸軍卒に依恃して以てその衆を威するなり。曰く陰計狡謀を用いて以て群下の自由権を抑遏［圧］するなり。凡そその図謀する所は大率ねこの数項に出でずして、眼を永遠に注ぎ心を全局に留むることは夢にもこれを想像せず。顧うにかの数千万の民は⑥果て能くAこの輩のなす所に安んじて心に怨むる所なきか、ああ危いかな岌々乎たり、これはこれ法朗西路易十五世在位の時の形勢なり。

［文法］

① 危殆なるかな実に岌々乎たり

「危殆なり」は形容動詞の「ナリ活用」、「岌々乎たり」は形容動詞の「タリ活用」ですが、意味はいずれも「危うい」ということです。

② その政を発し令を施すや

その：文語では普通、英語のhis/her/its/theirと同じく所有の意味で使われます。

「や」は語調を整えるためのものです。

③ 位に拠り禄を利し唯耳目口体の慾［欲］これ殉［従］うて

位に拠り禄を利し：権威を利用して給与（財産）を得て、

耳目口体の慾［欲］これ殉［従］う：肉体的な欲望に従う

「これ」は語調を整えるものなので、現代語に訳すときは無視してかまいません。

④ 復た理義を以て自ら検飾することを知らず

理義（道理や正義）で自分を飾ることを知らない＝理義を知らない、ということです。

⑤ **曰く**

曰く：「いわく」は「言うこと」という意味です。「〜と言う」という形で、後ろに持っていくとうまく訳せます。

⑥ **果て能くこの輩のなす所に安んじて心に怨むる所なきか**

能く〜す：「〜することができる」という意味です。

輩：軽蔑していうことばで、「この輩」は「こいつら」といったニュアンスで使われます。

怨むる：下二段動詞「怨む」の連体形です。

[現代語訳]

㋐の現代語訳を書いてください。

[読むとき、ここに注目]

㋐を読んで、次の質問に答えてください。

1．二重下線A「この輩」と同じものを指すことばを㋐の中から2つ抜き出してください。

2．筆者は官吏の特徴はどのようなものだと言っていますか。簡単に説明してください。

㋑①けだしかつてこれを論ず、自由の説はなお火の如きなり。

②火の石中に潜みていまだ外に発せざるや③頑然たる一塊のみ。④Aこれを踏藉すること得べきなり、これを翻弄すること得べきなり、これを擲投すること得べきなり、⑤一旦迸発して薪につくに及びては炎然として興り、爆然として熾（盛）にして⑥復た撲滅すべからず。

自由の説のいまだ起らざるや斯民は即ち鄙陋怯懦の一群団のみにして、その冀［希］望する所は一時の安楽に過ぎず。この時に当りては上の人の政を施してBその望を博すること⑦必ずしも難きにあらず。

⑧一朝自由の説起るに及びてはその願欲する所は専ら自由の一点に萃［集］まりて⑨復た回顧せしむべからず。しかしていわゆる自由の説甲より乙に伝え右より左に遷り漸次に瀰漫して、⑩一国の民一人もこれを熱望せざるなきに至る。

[文法]

①　けだしかつてこれを論ず

けだし：「おそらく、たぶん、実際」といった意味を表します。

②　火の石中に潜みていまだ外に発せざるや

［火の石中に潜みていまだ外に発せざる］（とき）、といった構造で、「ず」の連体形「ざる」のあとに形式名詞「とき」を補うことができます。文語文では、現代語とは異なり、こうした場合に通常想定される名詞（この例では「とき」）が現れないことがあります。現代語に訳すときは、名詞を補って訳す必要があります。

いまだ〜ず：まだ〜しない、の意味です。

③　頑然たる一塊のみ

頑然たる：形容動詞「頑然たり」（タリ活用）の連体形で、「硬い」ということです。

一塊のみ：「〜のみ」は「〜にすぎない」の意味です。

④　**これを踏藉すること得べきなり、これを翻弄すること得べきなり、これを擲投すること得べきなり**

「得」は下二段活用動詞で、次のように活用します。

未然形	え（得）
連用形	え（得）
終止形	う（得）
連体形	うる（得る）
已然形	うれ（得れ）
命令形	え（得）

文語の「得る」の「得」は「得る」「得ず」のように2つの読み方がありました。上の表のとおり、未然形、連用形、命令形の場合は「え」、それ以外の場合は「う」となります。現代語では終止形が「得る」となりますが、これは現代語の「得る」の活用が下一段活用に変化したためです。

また、現代語でも終止形や連体形の場合に「得る」と読むことがありますが。これは文語の形が残っているためです。

(1)　この問題は簡単に解決し｛得る／得ない｝。

～を得べきなり：～することができるにちがいないのである
繰り返すことによって、リズムを生みだしています。

⑤　**一旦迸発して薪につくに及びては**

一旦：現代語でも、「いったん～すると、」で、「一度～すると、もう…」という意味で使われます。

(1)　彼は普段はおとなしいが、いったん政治の話になると、激しい口調で自分の主張を述べる。

～ては：「一旦」と呼応して、「一度～すると、もう…」の意味になります。

⑥　復た撲滅（ぼくめつ）すべからず

「～べからず」は現代語では「～すべきではない」（当然・適当）という意味でのみ使われますが、文語では「べし」の否定形なので、「～すべきではない」のほかに「～ことはできない」（可能）「～はずがない」（推量）といった意味でも使われます。ここでは、前者の意味です。

⑦　必ずしも難（かた）きにあらず

必ずしも～ず：現代語と同じで、「必ずしも～ではない」「～とは限らない」といった意味を表します。

⑧　一朝自由の説起るに及（およ）びては

一朝：「一旦」と同様の意味（⑤参照）です。

⑨　復た回顧せしむべからず

回顧す：ここでは、「昔のことに考えを向ける」という意味です。

回顧せしむべからず：「回顧す」の未然形＋「しむ」の終止形＋「べし」の未然形＋「ず」の終止形という構造で、全体で「昔のことに考えを向けさせることはできない」という意味になります。

⑩　一国の民一人もこれを熱望せざるなきに至る

～に至る：～ということになるという意味です。

[現代語訳]

㋑の現代語訳を書いてください。

[読むとき、ここに注目]

㋑を読んで、次の質問に答えてください。

1．二重下線A「これ」は何を指していますか。

2．二重下線Bの理由を簡単に説明してください。

ⓤ①かくの如き者は古今の常道にして人情の固然なり、東西洋の同き所なり、黄白族の等き所なり。②たといその自由の説いまだ興発せざるに先ちて術を構え計を設けてこれが予備をなすも、なお早晩必ず興発するあり。③しかるをその既に大に興発してほとんど国中にあまねきに至りて、なお区々の小計を恃［頼］みて④Aこれを抑圧せんと欲するは、⑤またB何ぞ大勢を識［知］らざるの甚きや。

［文法］

① かくの如き者は古今の常道にして人情の固然なり、東西洋の同き所なり、黄白族の等き所なり

〜なり：ここも、「なり」を繰り返すことで、文章にリズムを与えています。

② たといその自由の説いまだ興発せざるに先ちて術を構え計を設けてこれが予備をなすも、なお早晩必ず興発するあり

たとい〜も：現代語の「たとえ〜ても」に当たります。

(1) たとえ彼女が手伝ってくれても、とても締切には間に合わないだろう。

なお：「たとい〜も」と呼応して、それでも、の意味を付加します。（現代語にも「それでもなお」という使い方があります）

③ しかるを

動詞「然り」の連体形に「を」がついた形です。「を」は逆接を表し、「それなのに」の意味になります。

④ これを抑圧せんと欲するは、

〜んと欲す：〜しようとする、の意味です。

⑤　**また何ぞ大勢を識［知］らざるの甚きや**

何ぞ～や：何と～（の）ことだろうか、という感嘆の意味を表します（英語のHow big that rock is!　What a big rock that is! のような感嘆文に当たります）。全体で「何と大勢を知らないことが甚だしいことだろうか」→「あまりにも大勢を知らなすぎる」という意味です。

［現代語訳］

㋒の現代語訳を書いてください。

［読むとき、ここに注目］

㋒を読んで、次の質問に答えてください。

1．二重下線A「これ」が指す語を㋒から抜き出してください。

2．筆者が二重下線Bのように言って、そのことを問題視する理由を簡単に説明してください。

㋓火の積薪に蔓延して焔烟天に漲るを見て、一抔［杯］の水を灌［注］ぎてその撲滅するを望むときは、①誰れかその愚を笑わざる者あらん。②しかして路易の朝のなせし所は正さにＡこれと一般にして、③後世史を読む者をして実に嗟嘆に堪えざらしむ。

④顧うに路易の朝の百官もまた必ずしも皆庸愚するにあらず、その中またすこぶる事理に通ずる者あり。しかしてかつて当時の大勢を看破するを知らざりしは真に怪むべきなり。

［文法］

①　誰れかその愚を笑わざる者あらん

誰れか〜ん：誰が〜だろうか（誰も〜ない）、という反語の意味を表します。

②　しかして路易の朝のなせし所は正さにこれと一般にして

しかして：そうして　あとの文にも「しかして」があり、表現のリズムを整えています。

〜と一般にして：〜と同じであって、という意味です。

③　後世史を読む者をして実に嗟嘆に堪えざらしむ

嗟嘆に堪えず：非常に残念だと思う

ＡをしてＢしむ：ＡにＢさせる

全体で、後世の歴史を読む者を実に残念でならないという気持ちにさせる、という意味です。

④　顧うに路易の朝の百官もまた必ずしも皆庸愚するにあらず

必ずしも〜ず：現代語と同じで「必ずしも〜ない」「〜とは限らない」という意味です。

庸愚す：凡庸である、愚かであるという意味です。現代語では形容詞（ナ形容詞）ですが、文語では動詞になっています。

[現代語訳]

㋓の現代語訳を書いてください。

[読むとき、ここに注目]

㋓を読んで、次の質問に答えてください。

1．二重下線Aについて、「これ」が指すものを書いてください。

2．二重下線Aについて、何と何が同様であるのかを簡単に説明してください。

㋔またかつてこれを論ず、凡そ一官に任じ一職を司(つかさど)り以て斯民に望む者は、学術に通じ事務に錬達(れんたつ)することは①固(もと)より必要とする所たるに論なしといえども、そもそも私慾(しよく)［欲］の念を絶(た)ちて常に意を公共の利益に留(とど)むること尤(もっと)［最］もその務(つとめ)となすべき所なり。

私慾［欲］の念一(ひと)たび起るときは通達の才ありといえども復た自ら用ゆることを得ず。②是(ここ)に知る純誠正直(じゅんせいしょうじき)の心は凡そ人たる者皆これあらざるべからずして、A民の上(かみ)たる者は尤［最］もまさに意を此(ここ)に留むべきなり。

［文法］

① 固(もと)より必要とする所たるに論なしといえども

所たるに：「たる」は断定の助動詞「たり」の連体形で、その後に「こと」などを補って考えます。

論なし：言うまでもない

～といえども：「いえども」は「言う」の「已然形＋ども」で、「～ではあるけれども」という意味で文語でよく使われます。

② 是(ここ)に知る純誠正直(じゅんせいしょうじき)の心は凡そ人たる者皆これあらざるべからずして、

是(ここ)に知る：このことからわかるように

凡そ人たる者：「たる」は断定の助動詞「たり」の連体形で、全体で「人間である者なら普通」つまり「どんな人でも」という意味になります。

あらざるべからず：ないはずがない

[現代語訳]

㋔の現代語訳を書いてください。

[読むとき、ここに注目]

㋔を読んで、次の質問に答えてください。

1．二重下線Aについて。「此（ここ）」が指すものを書いてください。

2．Aが必要である理由を簡単に説明してください。

㋕①今それ世の父母たる者を観［見］るに、初より人に超ゆるの才能あらずといえども、その愛児のために計画する所あるときは大抵時宜に中［当］らざることなし。②これ他なし、その児を愛するの情極て盛なるを以てその心を執ること自ら純誠なるを以てなり。

③仮し路易の朝の宰相をしてその民を愛すること父母の子におけるが如くならしめば、その心を処することまた必ず純誠にして私慾［欲］のために蔽［覆］わるることなかるべし。誠にかくの如くなるときはその人民の自由の説を鼓倡するを見て④必ずいわん、自由の説一たび興発するときはこれを抑圧せんと欲するも得べからず、⑤如かず速にAこれをしてその願欲する所を得せしめんにはと。⑥必ずいわん、自由の説は独り抑圧すべからざるのみならず、人の上たる者はまさに益々Bこれを勧奨してその盛を極めしむべしと。

［文法］

①　今それ世の父母たる者を観［見］るに

父母たる者：「たる」は「たり」の連体形で、「たり」は「である」の意味です。

②　これ他なし、その児を愛するの情極て盛なるを以てその心を執ること自ら純誠なるを以てなり

これ～を以てなり：これは～からである、という意味です。

その児を愛するの情極て盛なるを以て：「～を以て」は「～のために」という意味です。

その心を執ること：この部分が「自ら純誠なる」に対応する主語です。

自ら：「おのずから」（自然に）、「みずから」（自分で）という2つの読み方がありますが、ここでは前者です。

③　仮し路易の朝の宰相をしてその民を愛すること父母の子におけるが如くならしめば、その心を処することまた必ず純誠にして私慾［欲］のために蔽［覆］わるることなかるべし

仮し～ば：もし～ば／たら

心を処する：心を働かせる

蔽［覆］わるる：「蔽う」＋受身の「る」（現代語の「れる」）の連体形

AをBすることCが如くす：AをCのようにBする

その民を愛すること父母の子におけるが如く（す）

＝その民を父母が子にするように愛する

DをしてEしむ：DにEさせる

前半部分の構造は次のようになります。やや複雑ですが、1つずつパターン（文型）に当てはめて考えてみてください。

仮(よ)し［路易(ルイ)の朝の宰相］をして［その民を愛すること父母の子におけるが如くなら］しめば、

D　をして　E　しめば

＝もしDにEさせたら

その民を愛すること［父母の子におけるが如くなら］

A　を　B　こと　C　が如くす

＝もしDに［AをCのようにBさせたら］

全体として、「もしルイ王朝の宰相にその民衆を親が子どもを愛するように愛させたら」、言い換えると、「もしルイ王朝の宰相がその民衆を親が子どもを愛するように愛していたら」という意味になります。

④　必ずいわん、自由の説一たび興発するときはこれを抑圧せんと欲するも得べからず、～と。

いはん、～と。：～といわん。

「いう」は必ず「～と」を必要とします。上の例は～の部分が倒置されたものです。

cf. (1) 彼は「明日また来る」と言った。 → (2) 彼は言った、「明日また来る」と。

これを抑圧せんと欲するも得べからず：

動詞「得」の終止形＋助動詞「べし」の未然形＋助動詞「ず」の終止形：することができないということで、全体で、これを抑圧しようとしてもできないという意味になります。

⑤　如(し)かず速(すみやか)にこれをしてその願欲する所を得(え)せしめんにはと

Aは Bに如(し)かず：AはBに及ばないという意味で、ここでは、「如かず」が前に出て倒置の意味になっています。

(1) 百聞は一見に如(し)かず：百聞は一見に及ばない（Seeing is believing.）

（自由の説を抑圧するは）速(すみやか)にこれをしてその願欲する所を得(え)せしめんに如(し)かず

A　　　　は　　　　　　　　　　　　B　　　　　　　　　　に如(し)かず

→如かず速(すみやか)にこれをして　その願欲する所を得せしめんには

市民に　彼らの願欲する所を得させる

〈訳〉 自由の説を抑圧することは速やかに市民に彼らの望むことを達成させることには及ばない。→速やかに市民に彼らの望むことを達成させるのが一番だ。

⑥ **必ずいわん、自由の説は独(ひと)り抑圧すべからざるのみならず、人の上たる者はまさに益々(ますます)これを勧奨(かんしょう)してその盛(せい)を極(きわ)めしむべしと。**

下線の部分が倒置されているのは④の例と同じです。

独(ひと)り～のみならず：ただ～だけではなく

その盛(せい)を極(きわ)めしむべし：それを最も盛んにさせるべきである

[現代語訳]

㋕の現代語訳を書いてください。

[読むとき、ここに注目]

㋕を読んで、次の質問に答えてください。

1．二重下線A「これ」が指すものを㋕の中から抜き出してください。

2．二重下線B「これ」が指すものを㋕の中から抜き出してください。

㋖誠にかくの如くなるときは、その政を発し令を施すこと必ず時宜に適し大勢に応じ、当時の人心を悦ばして①後世の称讃を得たらんこと何ぞ疑を容れん。

②是に慮らずしてその号令する所いよいよ出でていよいよ拙を示めし、A天下後世の笑を取るに至りたるは他なし、③一私慾［欲］の念その心胸に横わりその眼孔を蔽［覆］うて自らこれを除去することを知らざればなり。世の為政者それ以てこれに鑑みる所あれ。

［文法］

①　後世の称讃を得たらんこと何ぞ疑を容れん

「らん」は推量の助動詞「らむ」（～だろう）の連体形です。

何ぞ～ん：どうして～だろうか（いや、～ない）（反語）という意味です。

②　是に慮らずしてその号令する所いよいよ出でていよいよ拙を示めし、天下後世の笑を取るに至りたるは他なし

いよいよ拙を示めし：ますますまずいことになり

天下後世の笑を取るに至りたるは他なし：天下後世の人に笑われることになったのは他でもない

③　一私慾［欲］の念その心胸に横わりその眼孔を蔽［覆］うて自らこれを除去することを知らざればなり

AはB（已然形）＋ば＋なり：A（なの）はB（だ）からである

ここではAに当たるのは、前の段落から続いている「路易の朝の宰相」「人の上たる者」で、Bに当たるのは「自らこれを除去することを知らず」です。

自ら：ここでは「みずから」と読みます

[現代語訳]

㋖の現代語訳を書いてください。

[読むとき、ここに注目]

㋖を読んで、次の質問に答えてください。

1．二重下線Aの理由を簡単に説明してください。

2．筆者は「㋕と㋖」の部分からどのような教訓を得るべきだと言っていますか。

中江 兆民（なかえ ちょうみん）　1847（弘化4）～1901（明治34）

土佐藩（とさはん）（現在の高知県）出身の武士。フランス語を学び、岩倉使節団（いわくらしせつだん）に随行してフランスに留学し、ジャン＝ジャック・ルソーの思想に傾倒する。帰国後、ルソーの『社会契約論』を翻訳して日本に伝えたことなどから「東洋のルソー」と呼ばれる。自由民権運動に尽力し、第1回衆議院議員選挙で当選するが、政府予算案の修正が党内の裏切りによって成功しなかったことに反発して議員辞職した。

「為政者それ鑑みるところあれ」は『自由新聞』に掲載されたもので、政治家に求められる資質について論じたものである。

『一年有半』は喉頭（こうとう）ガンで余命1年半と告知された中江が同時代の人物、政治、文学、芸能など多方面にわたって行った社会評論集で、中江の弟子である幸徳秋水が校訂を行って出版したものである。

確認問題（文法）

1．例にしたがって、次の文の下線部の語の説明をしてください。

例．今この義を拡（おしひろ）めて言わん。

言わん：「言う」の未然形＋「ん（む）」の終止形

(1) 西洋にても、希臘（ギリシア）、ローマ、英国等においても、古昔（こせき）は人民自由を得ることなく、君主は人民を虐（しいた）げてなりとも自己の自由安楽を得んとしたりき。

（植木枝盛「世に良政府なる者なきの説」）

〜なりとも：たとえ〜ても

得ん：

したりき：

(2) 固（もと）より僅かに十回の講演に過ぎざれば、法律的の議論の専門に渉（わた）るものはなるべくこれを避けたれども、（美濃部達吉「憲法講話」）

過ぎざれば：

避けたれども：

(3) 好悪（こうお）・愛憎のよりてもって起るは、人心の性、然らしむるものなり。（西周「愛敵論」）

性：性質　然り：そうだ、そうする

然らしむる：

(4) 数人相分（あいわか）ってこれを飲まば、たちまち血を吐（は）いて直ちに死すべきなり。

（河上肇「経済上の理想社会」）

相分（あいわか）つ：お互いに分け合う　死す：〈サ変〉死ぬ

飲まば：

死すべきなり：

(5) これ皆その元始に反（かえ）り、その関係を考うれば、親密ならざるべからざるものなり。

（西周「愛敵論」）

元始：はじめ、おおもと

考うれば：

親密ならざる：

べからざる：

2．次の文を現代語に訳してください。

(1)　［日本人は］極めて常識に富める民なり、常識以上に挺出することは到底望むべからざるなり。

（中江兆民「一年有半」）

挺出す：抜きん出る、傑出する

(2)　もし機会あらば国民教育のために平易に憲法の要領を講ぜる一書を著さんことを希望し居たりしも、公務繁忙にしてその暇を得ること能わざりしは常に遺憾とする所なりき。

（美濃部達吉「憲法講話」）

平易に：わかりやすく　要領：重要な内容、ポイント　講ず：講義する

一書：本、著書　公務繁忙にして：仕事が非常に忙しく　暇：時間的余裕

～こと能わず：～することができない　遺憾とす：残念に思う

(3)　地静天動の考を本［基］にして無理に四時循環の算を定め、その説く所に一通りは条理を備えたるように見ゆれども、地球の本の性を知らざるが故に、遂に大に誤りて星宿分野の妄説を作り、日食月食の理をも解くこと能わず、事実に於て不都合なること甚だ多し。

（福沢諭吉「文明論之概略」）

地静天動の考：天動説　四時循環の算：四季の巡りに関する計算　説く：説明する

一通りは：大体は　条理を備う：妥当性がある　本の性：本来の性質

遂に：結局　大に：大きく　星宿分野：天文学　妄説：間違った説

(4)　もし全国五千万の同胞、各々彼がため仮りに一厘ずつを寄附したりとせよ、たちまちにしてまた五万円を得、彼をして何らの損害を感ぜしめざるに足る。

（河上肇「経済上の理想社会」）

同胞：同民族の人、ここでは日本人　各々：それぞれ、各人

一厘：1円＝1000厘　たちまちにして：すぐに　～に足る：～に十分である

⑸ もしこの説を以て真の条理とせば、走る船の中より海岸の走るが如くなるを見て、岸は動き船は静なりといわざるを得ず。（福沢諭吉「文明論之概略」）

〜を以て…とす：〜を…だと考える　真の条理：真理、正しい原理

静なり：動かず止まっている

調べてみよう、考えてみよう

1．官僚のあるべき役割と官僚主義（bureaucracy）の問題点について考えてみよう。

2．この文章の構成の特徴を「火」と「自由」の比喩という観点からまとめてみよう。

3．官僚や政治家に求められる資質はどのようなものであるか考えてみよう。

4．日本やみなさんの国において、3で挙げた資質が発揮されているかについて調べて考えてみよう。

5．明治時代の自由民権運動と中江兆民の関係について調べてみよう。

6．ここで取り上げた中江の考え方の問題点、限界などについて考えてみよう。

文語と現代語編

ここでは、文語と現代語を比較し、現代日本語に見られるいくつかの特徴について考えます。

1．現代語に残る文語的表現

現代語の中に文語的な表現が残っていることがあります。ここでは、その中から3つを選び、それらを手がかりに文語と現代語の関係を考えることにします。

1）急がば回れ

最初に取り上げるのは「急がば回れ」という諺です。この諺の意味は、「何かを急いでやりたいときは、むしろ回り道になるようでも、確実なやり方をした方がよい」といったことであり、英語の“Make haste slowly.”という諺に対応します。

文語と現代語の関係という点から興味深いのは「急がば」という部分です。「もし急ぐなら」という意味なので、現代語の感覚からすると、「急げば」と言いたくなるのですが、文語文として正しい形は「急がば」です。

「急ぐ」は文語では四段活用、現代語では五段活用です。両者を並べてみましょう。

	急ぐ〈文語〉		急ぐ〈現代語〉
未然形	急が（ず、む、ば）	未然形	急が（ない）急ご（う）
連用形	急ぎ（たり）	連用形	急ぎ（ます）急い（で）
終止形	急ぐ（。）	終止形	急ぐ（。）
連体形	急ぐ（N）	連体形	急ぐ（N）
已然形	急げ（ば、ども）	仮定形	急げ（ば）
命令形	急げ（。）	命令形	急げ（。）

文語と現代語の活用

2つの活用表を比べると、文語の「已然形」が現代語では「仮定形」になっています。

「已然形」の「已然」は「既に」という意味で、「まだ」を表す「未然形」の「未然」の反対語です。

文語には「未然形＋ば」と「已然形＋ば」という2つの形が存在し、それぞれ別の意味を表していました。

「未然形＋ば」は「仮定条件」を表します。仮定条件は「もし～なら、…。」という形で表され、まだ起こっていないことについて、「～」が実現した場合には「…」を行う（「…」が実現する）という意味を表します。英語のifに対応する意味と言えます。

(1) **現** 明日寒ければ／寒かったら、出かけない。

一方、「已然形＋ば」は「確定条件」を表します。確定条件は「～ので／から、～と、～たら、…。」という形で表され、既に起こったことについて、その理由や経緯を表します。例えば、次のような文がそれに当たります。

(2) **現** 昨日寒かったので、出かけなかった。

(3) **現** 雨がやんだら、空に虹がかかった。

(4) **現** コンサートが終わると、客が一斉に外に出て来た。

仮定条件と確定条件は、現代語では、仮定条件は「～ば／たら」、確定条件は「～ので／から」などで表されるように、かなり異なる形になりますが、文語では、「未然形＋ば」と「已然形＋ば」の違いとして表されていました。例えば、(1)(2)に対応する文語の表現はそれぞれ(1)'(2)'となります。

(1)' **文** 明日寒からば、家を出でず。　**現** 明日寒かったら、出かけない。

(2)' **文** 昨日寒ければ、家を出でざりき。　**現** 昨日寒かったので、出かけなかった。

このように、「未然形＋ば」と「已然形＋ば」は異なる意味を表していたのですが、形が似ていることもあり、次第にその区別が失われ、「ば」がつく表現は、形は「已然形＋ば」に統合され、意味は「未然形＋ば」つまり「仮定条件」に統合されました。その結果、現代語の活用表では「已然形」がなくなり「仮定形」がそれに変わったのです。「急がば回れ」という諺は、「未然形＋ば」と「已然形＋ば」の区別が存在していた時代の生き証人であると言えます。

2）情けは人のためならず

2つ目に取り上げるのは「情けは人のためならず」という諺です。この諺の意味は、日本語母語話者でも誤解している人が多いことで有名です。本来の意味は「他人に情けをかけるのはその人のためというよりも最終的に自分のためになるから、情けをかけるべきだ」といったこと（これを解釈①とします）なのですが、これを「他人に情けをかけるとその人にとってよくないから、情けをかけるのはよくないことだ」といった意味（これを解釈②とします）だと思っている人が日本語母語話者にも多いのです。

こうした誤解は、現代社会において人間関係が希薄になり、人情が薄くなったために生まれたという説がありますが、おそらくそういうことではなく、この誤解には、文語から現代語への変化が関係していると考えられます。

解釈②は「ならず」を「動詞「なる」の未然形＋「ず」」と解釈したために生じた解釈と考えられます。このように考えると、「ＡはＢのためにならない」という文型に対応することになるので、解釈②が生じるわけです。解釈②が出てくる背景に現代語では「ためになる」が単独で「役に立つ。利益になる」という意味を表すということがあります。

一方、本来の解釈である解釈①は「ならず」＝「断定の助動詞「なり」の未然形＋「ず」」という構造から出てくるものです。「ならず」をこのように解釈すると、「情けは人のため（のもの）ではない」ということになるため、解釈①が生じるのです。

現代において解釈②が優勢になる理由は、現代語において「なり」の存在が忘れられているためと考えられます。助動詞「なり」は「時は金なり」（英語の“Time is money.”に当たる諺）などには化石的に残っていますが、日常的には使われなくなっています。そのため、「なり」がラ変型（→「文法編」p.6）の活用をするということはほとんど忘れられています。そのため、「ならず」を「なり」の未然形＋「ず」と解釈することができなくなり、その結果、解釈②が優勢になっていると考えられるのです。つまり、解釈②が優勢なのは、人情が希薄になったといった社会変化の結果によるものではなく、文語から現代語にかけての日本語の変化の結果であると考えられるのです。

3）眠れる森の美女

最後に取り上げるのは、「眠れる森の美女」という表現です。これは、フランスの昔話”La belle au bois dormant”の日本語訳です。この作品は、チャイコフスキーのバレエ曲としても、ディズニーのアニメとしても有名です。

文語と現代語の関係から問題になるのは「眠れる」という部分です。現代語で「眠れる」という表現は「眠ることができる」という意味としてしか解釈できませんが、ここでの意味はそうではありません。

「眠れる」は「「眠る」の已然形＋継続を表す助動詞「り」の連体形」と分析できます。ここで、「美女」という名詞の前なので「連体形」というのは問題ないと思います。問題は「り」です。古典語には時間（テンス・アスペクト）を表す助動詞が6つ（き、けり、つ、ぬ、り、たり）ありました。これらの間には相互に使い分けがあったのですが、近代では、「たり」が圧倒的に優勢になっていました。「り」は意味的には「たり」とほぼ同じで、「完了」と「継続」を表します。「り」は四段活用とサ変活用の動詞につきます。エ段の後につくので、命令形につくと考えても已然形につくと考えてもかまいません。意味としては、ここでは「継続」を表すので「眠れる森の美女」は「眠っている森の美女」ということになります。

2．文語と現代語の対応関係

ここでは、いくつかのトピックに分けて、文語と現代語の対応関係（文語から現代語への変化）について考えることにします。

1）未然形が2つあるのはなぜ？

四段活用の活用表（→「文法編」p.5）からもわかるように、現代語の活用表には未然形が2つあります。「書く」では、「書か（ない）」と「書こ（う）」です。なぜこのような形になっているのでしょうか。

文語の未然形には「ず、ば、む」が接続しました。このうち、「ば」については上述しました。残る「ず」と「む」について考えると、前者は文語では「書か」＋「ず」で、「書か」の部分は現代語と同じ形です。一方、後者は文語では「書か」＋「む」で、現代語の「書こ」と形が異なります。

「未然形＋む」は歴史的に次のような音変化を起こしました。「書く」を例に示します。

(1)　書かむ→書かん→書かう→書こう

「書かむ」が変化したのは、「む」の音は変化しやすく、その前の母音を巻き込んで発音が変化したためです。「書かず」はそうした条件を満たさなかったので変化しなかったと考えられます。現代語の活用表の未然形に「書こ（う）」という形が入っているのは、「書こ（う）」が「書かむ」（＝未然形＋む）に由来することによるものです。未然形が2つあるのはこのためです。

さて、「む」にはいくつかの意味がありますが、主なものに「意志」と「推量」があります。文語では「む」は動詞の種類に関係なく接続することができました。

(2) 手紙書かん。 (意志の例)

(3) 明日雨降らん。(推量の例)

ところが、文語から現代語に移る段階で、「む」の変化形である「う」(一段動詞の場合は「よう」)は意志動詞にしかつかないという制限が見られるようになります。実際、(2)(3)を現代語に直訳すると、次のようになり、「降る」のような無意志動詞には「(よ) う」はつかないことがわかります(*がついている文は、その文が正しくないということを表します)。(3)のような推量の意味は、現代語では(4)のように「終止形+だろう」で表されるようになりました。

(2)' 手紙を書こう。

(3)'* 明日雨が降ろう。

(4) 明日雨が降るだろう。

このように、文語の段階では、「む」が「意志」と「推量」をともに表していたのに対し、現代語では、「意志(・勧誘)」は「(よ) う」、「推量」は「だろう」で表すというように「役割分担」ができあがったのです。

なお、「(よ) う」の形が推量を表していたことは次のような表現からもわかります(これらは硬い文体や年配の男性が同僚や部下に話すような場合でしか使われません)。

(5) この計画については、いろいろ問題点を指摘できよう。

(6) 君にも言いたいことはあろうが、ここは彼女の意見に従ってくれないか。

2) テ形の難しさはどこから?

みなさんは日本語の勉強を始めたとき、動詞はマス形から習ったと思います。その後、初級の途中でテ形が出て来て、マス形とテ形の対応を覚えるのに苦労したのではないでしょうか。マス形とテ形の対応は次の通りです。

(1) 一段活用（規則的）：

着ます→着て、食べます→食べて

カ変：来ます→きて（規則的）

サ変：します→して（規則的）

五段活用

カ行　書きます→書いて　　　　　ガ行　泳ぎます→泳いで

行きます→行って

サ行　貸します→貸して（規則的）

タ行　勝ちます→勝って

ナ行　死にます→死んで

バ行　飛びます→飛んで

マ行　飲みます→飲んで

ラ行　取ります→取って

ワ行　言います→言って

このように、一段活用とカ変、サ変では「連用形＋て」で規則的ですが、五段活用では連用形の最後の音（厳密には、かな）が「い」「っ」「ん」に変わります（サ行は「連用形＋て」で規則的です）。また、「ん」のあととガ行では「て」が「で」に変わります。では、このような複雑な対応関係はどうして生まれたのでしょうか。

現代語のテ形はタ形に対応する文の途中の形と考えられるので、タ形について考えることにします。

(2) 昨日雨が降った。

(3) 昨日雨が降って、試合が中止になった。

現代語の「た」に対応するのは文語では「たり」です。例えば、「飲んだ」に対応するのは「飲みたり」という形です。

「たり」は時間（テンス・アスペクト）を表す助動詞です。古典語には時間を表す助動詞が6つ（き、けり、つ、ぬ、り、たり）ありましたが、上述のように、近代語（文語）の段階では、ほぼ「たり」に一本化されました。その結果、「たり」の使用頻度が増え、「たり」という発音が崩れて「た」と発音されるようになりました。

⑷ 書きたり kakitari→kakita→kaita（書いた）→書いて イ音便

「書きたり」の段階では「書き＋たり」という２語的だったのですが、「書きた」となると、発音上も１語的になり、さらに早く発音するために、[k]音が落ちて「書いた」という形になりました。この「書いた」のように発音しやすくするためにできた形を音便形と言い、「い」が現れる音便形をイ音便と言います。他の音便形は次のようになります（Q、Nはそれぞれ「っ」「ん」に対応する音声表記です）。

⑸ 取りたり toritari→torita→torta→toQta（取った） → 取って 促音便

⑹ 飲みたり nomitari→nomita→nomta→noNda（飲んだ） → 飲んで 撥音便

まず、「取る」の場合はtoritaのiが脱落してtortaになりますが、日本語では子音の連続は発音できないので、これが促音（「っ」）に変化し、「取った」となります。

一方、「飲む」の場合はnomitaのiが脱落してnomtaになりますが、mが鼻音のため（ナ行も同様です）、子音の連続が撥音（「ん」）に変化し、その影響を受けて「た」も濁音になり、「飲んだ」となります。

「言う」のようなワ行の動詞は文語ではハ行で、次のように変化したと考えられます。

⑺ 言ひたり ihitari→ihita→ihta→iQta（言った） → 言って 促音便

また、「行く」はカ行ですが、次のように変化したと考えられます。

⑻ 行きたり ikitari→ikita→ikta→iQta（行った） → 行って 促音便

「書く」などと同様に下線部で、kが脱落すればiitaになりますが、母音の連続も他に例がないため避けられ、その結果促音便になったと考えられます。

このように、タ形（テ形）は日本語母語話者の発音のしやすさの結果生じた形なのですが、結果的に、日本語を勉強する人にとっては難しい対応関係が生まれることになったわけです。なお、現代語の連用形が２種類あるのは、上のような音便化が起こったものと連用中止法（家に帰り、手を洗った）や「ます」に続く形などの音便化が起こらなかったものがあるためです。

3）ら抜きことば

次の文は精読編の『学問のすゝめ』の一節です。

⑴　自分の家に飼いたる馬にも乗られぬ程の不便利を受けたるは、けしからぬことならずや。
（福沢諭吉『学問のすゝめ』二編）

ここで、下線部の「乗られぬ」は「四段動詞「乗る」の未然形＋助動詞「る」の未然形＋助動詞「ず」の連体形」という構成になっています。「未然形＋助動詞「る」」の「乗らる」は可能を表し、下線部を現代語に訳すと、「（馬にも）乗れない（程の）」となります。ここで文語では「乗られぬ」なのに現代語では「乗られない」ではなく「乗れない」となります。

つまり、「乗らる」は「可能」を表せますが、現代語の「乗られる」は「可能」を表せず、「可能」を表す形は「乗れる」です。比較すると、次のようになります。

<table>
<tr><td>文語</td><td>→</td><td>現代語</td></tr>
<tr><td rowspan="4">乗らる noraru</td><td>可能</td><td>乗れる　noreru[注)]</td></tr>
<tr><td>受身</td><td rowspan="3">乗られる norareru</td></tr>
<tr><td>自発</td></tr>
<tr><td>尊敬</td></tr>
</table>

表1 「る」と「れる」が表す意味

注）可能を表す部分は「eru」で、「reru」ではない。

表1からわかるように、文語では「（乗ら）る」が「可能、受身、自発、尊敬」を表していたのに対し、現代語の「（乗ら）れる」は「受身、自発、尊敬」しか表せません（現代語では「自発」は限られた動詞でしか使われません）。つまり、現代語では可能だけが別の形になったわけですが、文語の四段活用動詞の「（未然形＋）る」は現代語の五段活用動詞では 「（未然形＋）れる」になったので、文語の「乗らる」は現代語では「乗られる」になりました。「乗れる（noreru）」は「乗られる（norareru）」から「-ar-」が落ちた形です。

これに似た関係にあるのが「ら抜きことば」です（ひらがなで書くと「ら」が落ちたように見えますが、実際は「-ar-」が落ちています）。「ら抜きことば」とは、現代語の一段活用動詞の可能が「－rareru」ではなく、「－reru」になるものです。

⑵　もうこれ以上、食べれない。　（ら抜きことば）

⑶　もうこれ以上、食べられない。（規範的な形）

規範的な形とら抜きことばを含む規範的ではない形を並べると、次のようになります。

<table>
<tr><td>現代語（規範的な形）</td><td>→</td><td>現代語（規範的ではない形）</td></tr>
<tr><td rowspan="4">食べられる taberareru</td><td>可能</td><td>食べれる tabereru</td></tr>
<tr><td>受身</td><td rowspan="3">食べられる taberareru</td></tr>
<tr><td>自発</td></tr>
<tr><td>尊敬</td></tr>
</table>

表2　ら抜きことば

表1と表2を比べると、変化の方向は同じ（左→右）で、ともに「可能」をそれ以外の意味から切り離す動きであることがわかります。両者の違いは、五段活用ではこの変化は完了している（したがって、「馬に乗られない」は実際に使われることもなく、間違いとされる）のに対し、一段活用では、この変化（ら抜きことば（「食べれる」））は（実際にはよく使われているものの）規範的ではない言い方とされている点にあります。

以上を整理すると、次のようになります。

<table>
<tr><td></td><td colspan="2">文語</td><td colspan="2">現代語の規範的体系</td><td colspan="2">現代語の（一部）規範的ではない体系</td></tr>
<tr><td></td><td>四段活用</td><td>二段活用</td><td>五段活用</td><td>一段活用</td><td>五段活用（規範的）</td><td>一段活用</td></tr>
<tr><td>可能</td><td rowspan="4">乗らる</td><td rowspan="4">食べらる</td><td>乗れる</td><td rowspan="4">食べられる</td><td>乗れる</td><td>食べれる</td></tr>
<tr><td>受身</td><td rowspan="3">乗られる</td><td rowspan="3">乗られる</td><td rowspan="3">食べられる</td></tr>
<tr><td>自発</td></tr>
<tr><td>尊敬</td></tr>
</table>

表3　「（ら）る」「（ら）れる」における文語文と現代語の関係

表3から、文語では活用の違いに関係なく、「（ら）る」は「可能、受身、自発、尊敬」の4つの意味を表していたことがわかります。一方、五段活用で「可能」を切り離す変化が完成した結果、現代語の規範的な体系では活用の種類の違いによるアンバランスが生じました。ここで、ら抜きことばに見られる変化が完成すれば、「現代語の（一部）規範的ではない体系」に見られるように、再び、活用の違いにかかわらず、「乗れる（可能形）」「食べれる（ら抜きことば）」という「-ar-抜き」の形が「可能」を、「（ら）れる」の形が「受身、自発、尊敬」を表すことになります。このように、「ら抜きことば」は、五段活用ですでに起こった変化が一段活用で今起こっているものと考えられるのです。

4）「たら」のいくつかの意味

現代語の「たら」は次のような場合に使われます。

⑴　（〇もし）明日雨が降ったら、出かけない。（仮定条件）

⑵　（〇もし）あの時彼が助けてくれなかったら、私は溺れていた。（反事実的条件）

⑶　（×もし）水は100度になったら、沸騰する。（恒常条件）

⑷　（×もし）10時になったら、出発します。（確定条件）

⑸　（×もし）窓を開けたら、富士山が見えた。（事実的条件）

⑴はまだ起こっていないことを仮定して、それが実現した場合のことを述べる用法で、最も条件的な表現であると言えます。「もし」をつけることができます。

⑵は事実と反対の事態を仮定し、それが実現しなかったことを述べる表現です。⑵は「あの時彼が助けてくれたので、私は溺れなかった」という理由表現と同じ内容を表しますが、理由表現よりも話し手のほっとした気持ちや後悔の気持ちを強く表します。「もし」をつけることが可能です。

⑶は常に成り立つ条件を表す表現です。「もし」はつけられません。

⑷は⑶と似ていますが、時間がたてば必ず10時になるという点で条件とは言えず、その点で⑶と異なります。ただし、⑷が使えるのは10時より前に限られるという点で、⑹のような理由表現よりは条件的であるとも言えます。「もし」はつけられません。

⑹　10時になったので、出発します。

⑸はすでに起こった出来事を表すもので、前件（「窓を開けたら」）の主語（ここでは「私」）と後件（「富士山が見えた」）の主語（ここでは「富士山」）が異なるのが普通です。「もし」はつけられません。

こうした「たら」は、用法ごとに英語のifまたはwhenに対応すると言えそうです。

さて、「たら」はどうしてこうした多様な意味を持つようになったのでしょうか。

1-1）（→「急がば回れ」p.71）で、文語の「未然形＋ば」と「已然形＋ば」の区別が次第にあいまいになり、最終的に現代語では「未然形＋ば」の形は消え、「已然形＋ば」の形が仮定条件を表すようになったことを述べました。完了を表す助動詞「たり」についても、⑺⑻のように、「たらば」（未然形＋ば）と「たれば（已然形＋ば）」の区別が存在していました。

(7)　今日支那（しな）は眠り居るなれどそれが目を覚（さま）したらば畏（おそ）るべき勍敵（けいてき）なり

（中村正直「支那不可侮論」1875＝明治8年）

※（もし目を）覚ましたらば（未然形＋ば　仮定条件）

勍敵（けいてき）：強敵

(8)　はたしてその後一百五十年の間、農民の数減じたれば、しばしば法を設けこれを防（ふせ）ぎしが、さらにその甲斐（かい）なかりき　（中村正直「西学一斑（六）」1874＝明治7年）

※（農民の数が）減ったので（已然形＋ば　事実的条件）

「たり」が上述のものと異なるのは、「たらば」という「未然形＋ば」の形が生き残った点にありますが、いずれにしても、「たら」（「たらば」から「ば」が落ちてできた形式）という1つの形に、「未然形＋ば」がもともと表していた仮定条件などの意味と、「已然形＋ば」が表す確定条件などの意味が詰め込まれるようになった結果、「たら」が(1)〜(5)のようないくつもの意味を表すようになったと言えそうです。

5）二重否定

みなさんの中には、英語のmust（ex. “You must go to school.”）に当たる表現が「なければならない」という二重否定の形式であることに疑問を感じたことがある人がいるかもしれません。このことの理由は文語の表現を見るとわかってきます。

(1)　故に今、人と人との釣合（つりあい）を問えばこれを同等と言わざるを得ず。

（福沢諭吉『学問のすゝめ』二編）

(2)　故に広き世の中には良政府も悪政府もあるべけれども、先ずこれを概するに、一体は悪といわざるを得ず。　（植木枝盛「世に良政府なるものなきの説」）

(3)　人民はなるべく政府を監督視察すべく、なるべく抵抗せざるべからず。

（植木枝盛「世に良政府なるものなきの説」）

(4)　洋服に足駄（あしだ）は遂に不調法（ぶちょうほう）といわざるべからず。　（夏目漱石「断片」）

(5)　吾人は更に進んで人生に必要とする労働の分量を出来得る限り軽減するの策を講ぜざるべからず。　（河上肇「経済上の理想社会」）

(1)〜(5)は精読編、リーダー編の文章から採ったものですが、文語にはこうした二重否定の表現がよく出てきます。特に多いのが、(1)(2)のような「〜ざるを得ず」と(3)〜(5)のような「〜ざるべからず」です。

このうち、「〜ざるを得ず」は現代語にも存在しますが、文語と現代語でやや性質が異なります。現代語の「〜ざるを得ない」は基本的に「不本意だが〜するしかない」といった意味で使われます（否定的なニュアンスを持たない例もありますが、否定的な用法の方が普通です）。したがって、(6)は自然ですが、(7)は不自然です。

(6)○あの店のケーキは好きではないが、友人にもらったので、食べざるを得ない。

(7)？あの店のケーキはおいしいから、食べざるを得ない。（→食べないわけにはいかない）

一方、文語における「〜ざるを得ない」はこれとはやや異なります。確かに(2)のように現代語の「〜ざるを得ない」に近い否定的なニュアンスで使われるものもありますが、(1)にはそうしたニュアンスはありません（「同等と言いたくはないが、言わざるを得ない」という意味ではありません）。(1)はむしろ「同等というのが適当だ」といった意味であり、「同等と言わなければならない」と言うことも可能です。

一方、「〜ざるべからず」ですが、「べからず」は「〜てはだめだ」という意味ですから、「〜ざるべからず」は「〜ないとだめだ」という意味になります。さらに発展して、「〜ないわけにはいかない」といった意味になる場合もあります。

このように、文語の二重否定文は現代語の「〜ざるを得ない」のような否定的なニュアンスを必ずしも持たず、「義務、当然」の意味（「〜べきだ、〜ないわけにはいかない」といった意味）を表します。二重否定に含まれる2つの否定を現代語に直訳すると、「〜ないとだめだ」といった意味になりますが、これがより固定化したのが「〜なければならない」という表現だと考えられます。

6）統合から分析へ

文語文で非常によく使われる助動詞に「べし」があります。

(1)　しかれどもこれをわが同胞五千万の人に頒ちて飲ましめば、各人の飲む所一滴の何万分の一、飲むと飲まざるとにおいて何ら影響の異なるなかるべし。

（河上肇「経済上の理想社会」）

(2)　国の文明に便利なるものなれば、政府の体裁は立君にでも共和にでも、その名を問わずしてその実を取るべし。
(福沢諭吉「文明論之概略」)

(1)(2)で「べし」が使われていますが、現代語に訳すと違いが見えてきます。(1)は「(影響が異なることはない) はずだ、にちがいない」という意味であるのに対し、(2)は「(その名目を問わず、その実質を取る) べきだ、(取ら) なければならない」という意味です。

現代語では、「はずだ、にちがいない、だろう」といった意味と、「べきだ、なければならない、方がいい」といった意味はかなり違うように見えますが、文語では同じ「べし」という語で表されていたのです。

さらに興味深いことがあります。(1)(2)で表されている意味は英語ではともに“should”で表せますし、中国語の「应该」も両方で使えます。つまり、文語において日本語で見られていた現象が現代の英語や中国語でも見られるということなのです。中国語を母語とする人に「×彼女はそのことをよく知っているべきだ (→はずだ)」といった誤用がよく見られますが、これは、現代語では「はずだ」と「べきだ」で区別されている意味が中国語では同じ「应该」で表されることによるものと考えられます。

ところで、文語の「べし」と現代語の「はずだ」と「べきだ」の関係は、1つの語が複数の意味を表していたのが意味の違いごとに形が違うようになったという、表現上の変化の例として捉えることができます。1つの形で複数の意味を表すことを「統合的 (synthetic)」、意味の違いを形の違いで表し分けることを「分析的 (analytic)」と言います。日本語では、近代語 (文語) から現代語に移る段階でこうした表現上の大きな転換があったと考えられますが、こうした変化は、多くの言語で見られることが知られています。その理由は、近代社会が成立し、都市を中心に多くの人が集まって同じ言語を使うようになり、その結果、あいまいさを排除する必要が生じ、意味が違えば形も違うという表現法が好まれるようになったためと考えられます。先に見た、「む」が表していた「意志」と「推量」が「(よ) う」と「だろう」で区別されるようになったケース、「ら抜きことば」に見られる「可能」を切り離そうとする動きなども、「べし」の場合と同じく、「統合から分析へ」という日本語の歴史的変化の中に位置づけられるものと言えそうです。

リーダー編

開化第一話

森 有礼

【本文】

①学者の説に、開闢以来、国に隆替あれども、世の文運はいまだかつて退転せずと。②古今の事蹟につきて考るに、およそ人業の改り進しことは、③まことにかくのごとし。それ人俗は素と野蛮と名け、その業とするところほとんど他の獣と類を同す。④その進むや狩猟の業を知り、時候の循環を覚え、蒔、刈の術を悟り、やや進て牛馬を役し、その労を省くを知るに至る。これを開化初歩の業とす。働て得るところのものを私有と認め、労苦は福を加るの本と業を課するは渡世の便、交りを広うするは楽を益すの実なるを覚るに至ては、これを半化の俗と目す。およそ史を閲するに、開化ここに達してしばらく進歩を止ること多し。けだしこれ、人の思力の感力と調和せず、あるいは信じ、あるいは迷い、あるいは勇み、あるいは怯れ、ついにその知能を活発し得ざるによる。よくその迷怯を圧し、百挫不撓、漸次歩を進る者は、事物の理、造化の妙を覚り、愛に富み識に達し、ついにその才徳、彬光を発するに至る。これらは開化の域に達せし人と云うべし。邦俗、ややここに臨て、よく器械を製し、造営を興し、鉱山を穿ち、船艦を造り、舟路を開き、車馬を充たし、道路を良くし、千工万芸陸続隆興す。ここにおいて、通商ますます開けて人交義を厚し、器械いよいよ精を加えて工品位を尊うし、人ようやく文明の真利を味い、国はじめてその位を保ち、昌明の佳境に入ることを得ると云う。

［語彙・表現］

開闢：世界の始まり　隆替：盛衰　文運：文化、文明が進歩しようとする動き
退転す：衰退する　事蹟：出来事　人業：人類が行ってきた事業　人俗：人類の生活状態
素と：最初　時候：季節　蒔、刈の術：農耕の技術　牛馬を役す：牛や馬を使う
労を省く：労働の負担を軽くする　渡世：生活　便：便宜　半化の俗：半分開化した状態
〜と目す：〜と見なす　史を閲す：歴史を調べる　けだし：実際　思力：思考力
感力：直感力　迷怯を圧す：迷いやおそれを抑圧する　百挫不撓：何度挫折しても諦めない
漸次：少しずつ　造化の妙：自然の摂理　彬光：きれいな光　邦俗：国の状態
造営を興す：建物や工場を作る　鉱山を穿つ：鉱山で鉱物を採掘する
千工万芸：多くの工業生産物　陸続：次々に　隆興す：盛んになる　精を加う：精密になる
真利：真の効用、利益　昌明の佳境：盛んで明らかな優れた状態

［文法］

①　学者の説に、開闢以来、国に隆替あれども、世の文運はいまだかつて退転せずと

～に…とあり：～に…というものがある（ここでは「あり」が省略されている）

②　古今の事蹟につきて考るに

～につきて：現代語の「～について」に当たる格助詞的表現

V（連体形）に：～すると

全体で「古今の出来事について考えると」の意味

③　まことにかくのごとし

～のごとし：～のようだ

「かくのごとし」で「このようだ」という意味

④　その進むや狩猟の業を知り

～や：～につれて、～すると

［読むとき、ここに注目］

本文を読んで、次の質問に答えてください。

1．本文には、人類の発展段階を表す表現が4つ使われています。それらを全て抜き出してください。

第一段階

第二段階

第三段階

第四段階（最終段階）

2．１の第三段階で進歩が止まる理由について、簡単に説明してください。

3．２の第三段階から最終段階に進むために必要なことについて、本文にそくして簡単に説明してください。

森 有礼（もり ありのり） 1847（弘化4）～1889（明治22）

薩摩藩（現在の鹿児島県）出身の武士。英語を学び、イギリスに留学する。帰国後、外交官としてアメリカに渡る。帰国後の1873（明治6）年に、福沢諭吉、西周、津田真道らとともに、「明六社」を結成し、その中心的人物として、啓蒙思想を広めるため「明六雑誌」を刊行する。一橋大学の前身である商法講習所を設立し、第一次伊藤博文内閣では初代文部大臣に就任するが、急進的欧化主義者であったため、大日本帝国憲法発布記念式典の日に国粋主義者に刺され、死去した。

「開化第一話」は、『明六雑誌』第3号に掲載されたもので、明六社が掲げる啓蒙主義とそれに関する森の考え方が簡潔に記されている。

「文明論之概略」より

福沢 諭吉

【本文】

都(すべ)て世の政府は、ただ便利のために設けたるものなり。国の文明に便利なるものなれば、政府の体裁(ていさい)は立君にても共和にても、その名を問わずしてその実を取るべし。開闢(かいびゃく)の時より今日に至るまで、世界にて試(こころみ)たる政府の体裁には、立君独裁あり、立君定律あり、貴族合議あり、民庶合議あれども、ただその体裁のみを見て①何(いず)れを便と為(な)し何れを不便と為すべからず。ただ一方に偏せざるを緊要とするのみ。立君も必ず不便ならず、共和政治も必ず良ならず。千八百四十八年、仏蘭西(フランス)の共和政治は公平の名あれどもその実(じつ)は慘刻(ざんこく)なり。墺地利(オーストリヤ)にて第二世フランシスの時代には独裁の政府にて寛大の実あり。今の亜米利加(アメリカ)の合衆政治は支那の政府よりも良からんといえども、メキシコの共和政は英国立君の政に及ばざること遠し。故に墺地利、英国の政(せい)を良(よし)とするも、これがために支那の風を慕うべからず。亜米利加の合衆政治を悦ぶも、仏蘭西、メキシコの例に傚(なら)［倣］うべからず。政はその実に就(つい)て見るべし、その名のみを聞(きき)てこれを評すべからず。政府の体裁は必ずしも一様なるべからざるが故に、その議論に当(あたり)ては、学者②宜(よろ)しく心を寛(かん)にして、一方に僻(へき)すること勿(なか)るべし。名(な)を争うて実(じつ)を害するは、古今にその例少からず。

支那日本等に於ては君臣の倫(りん)を以て人の天性(てんせい)と称し、人に君臣の倫あるはなお夫婦親子の倫あるが如く、君臣の分は人の生前に先ず定(さだまり)たるもののように思込(おもいこ)み、孔子(こうし)の如きもAこの惑溺(わくでき)を脱すること能わず、生涯の心事は周(しゅう)の天子を助けて政を行うか、または窮迫の余りには諸侯にても地方官にても己(おのれ)を用いんとする者あればこれに仕(つか)え、とにもかくにも土地人民を支配する君主に依頼して事を成さんとするより外に策略あることなし。畢(ひっ)竟(きょう)、孔子もいまだ人の天性を究(きわむ)るの道を知らず、ただその時代に行わるる事物の有様に眼を遮(さえぎ)られ、その時代に生々(せいせい)する人民の気風に心を奪われ、知(し)らず識(し)らずその中に籠絡(ろうらく)せられて、国を立(たつ)るには君臣の外に手段なきものと臆断(おくだん)して教を遺(のこ)したるもののみ。固(もと)よりその教に君臣のことを論じたる趣意は頗(すこぶ)る純精にして、その一局内にいてこれを見れば差支(さしつかえ)なきのみならず、如何(いか)にも人事の美を尽したるが如くなりといえども、元(も)と君臣は人の生れて後に出来たるものなれば、Bこれを人の性というべからず。人の性のままに備わるものは本(もと)なり、生れて後に出来たるものは末(すえ)なり。事物の末に就て議論の純精なるものあればとて、これに由(よっ)てその本(もと)を動かすべからず。

譬(たと)［例］えば、古人、天文の学を知らずして、ひたすら天を動くものと思い、地静天動の考を本［基］にして無理に四時循環の算を定め、その説く所に一通りは条理を備えたるように見ゆれども、地球の本の性を知らざるが故に、遂に大に誤りて星宿分野の妄説を作り、日食月食の理をも解くこと能わず、事実に於て不都合なること甚だ多し。元来古人が地静天動といいしは、ただ日月星辰の動くが如くなるを目撃し、その目撃する所の有様に従て臆断したるのみのことなれども、その事に就て実を糺せば、この有様はもと地球と他の天体と相対して地球の動くがために生じたる現像［象］なるゆえ、地動は本の性なり、現像［象］は末の験なり。末の験を誤認めて本の性にあらざることを誣ゆべからず。C天動の説に条理あればとて、その条理を主張して地動の説を排すべからず。その条理は決して真の条理にあらず。畢竟、物に就てはその理を究めずしてただ物と物との関係のみを見て強いて作たる説なり。もしこの説を以て真の条理とせば、走る船の中より海岸の走るが如くなるを見て、岸は動き船は静なりといわざるを得ず。大なる誤解ならずや。故に天文を談ずるには、先ず地球の何物にしてその運転の如何なるを察して、然る後にこの地球と他の天体との関係を明にし、四時循環の理をも説くべきなり。故にいわく、D物ありて然る後に倫あるなり、倫ありて然る後に物を生ずるにあらず。臆断を以て先ず物の倫を説き、その倫に由て物理を害する勿れ。

［語彙・表現］

体裁：形態　　立君：立憲君主制　　共和：共和制　　名：名前、名目　　実：実質
開闢：世の中が生まれたとき　　定律：法律　　民庶合議：人民による合議制
何れ：どちら、どれ　　緊要：重要　　惨刻：残酷
第二世フランシス：神聖ローマ帝国皇帝フランツ2世（1768～1835）
支那：中国。現在では差別的ニュアンスがあるので使わない方がよい。
寛なり：寛大である　　～に僻す：～に偏る　　君臣の倫：君主と家来の間の上下関係
君臣の分：君主と家来の区別　　孔子：儒教の創始者（紀元前551～紀元前479）
惑溺：誘惑　　～こと能わず：～することができない　　心事：関心事
周：古代中国の王朝名（紀元前1046ごろ～紀元前256）　　畢竟：結局
籠絡す：絡め取る　　臆断す：推量によって決める　　固より：言うまでもなく
趣意：趣旨　　頗る：とても　　如何にも：まるで　　本：本来のもの、本質
末：本質ではないもの　　四時循環の算：四季の巡りに関する計算　　星宿分野：天文学
妄説：間違った説　　日月星辰：太陽、月、星　　糺す：正す　　験：結果として現れる現象
誣ゆ：事実を曲げて言う　　条理：道理、理屈　　如何なり：どのようであるか
然る後に：その後に　　～勿れ：～するな

[文法]

① 何(いず)れを便と為(な)し何れを不便と為す

一方（どれか）を便宜があるものと考え、他方（どれか）を不便なものと考える

② 宜(よろ)しく心を寛(かん)にして、一方に僻(へき)すること勿(なか)るべし

宜(よろ)しく～べし：～すべきである

[読むとき、ここに注目]

本文を読んで、次の質問に答えてください。

1．政治形態（政体）に関する筆者の考えのうち、本文の内容に合うものに○をつけてください。

　a．君主独裁制は悪政である

　b．共和制は公平なので良い

　c．絶対的に良い政体はない

2．下線部Aが指す内容を書いてください。

3．下線部Bの理由を簡単に説明してください。

4．下線部Cの理由を簡単に説明してください。

5．下線部Dに見られる認識と、下線部A、Bに見られる認識はどのような関係にあるかを簡単に説明してください。

愛敵論

西周

【本文】

爾に敵する者はこれを愛せよ。この一訣、にわかに見れば驚くべきがごとく、怪むべきがごとし。しかれども深くその旨を究むれば、上帝、純善至仁の徳、この中に包含し、また遺漏なし。人いやしくも上天の意を体せんと欲する者、これをもって道徳、至極至高の則とすべし。①請う、こころみにこれを論ぜん。

孔子云く、徳をもって徳に報じ、直をもって怨に報ず。Aこれ平常身を持するの通則、これに準じて身を律する、また不可なるなし。けだし、ひと己が権を侵すときは、己その権を復せんことを求むるは、もとより理の常にして、好悪・愛憎のよりてもって起るは、人心の性、然らしむるものなり。しかるに心の本体は愉悦・爽快を常とし愁苦・鬱悶を変とす。ゆえに人の人に遇し、物に処する、またみな理のあるところに順にして、和煦平温なるべく、必ず悖戻暴悍を当とすべからず。②いわんや人はすでに肉体の生において為群の性を有するにおいてをや。ゆえに人に遇する、必ず愛の性を有せざるなし。ゆえに好愛は心の全体にして悪憎は事の変に発するものなり。いま酌例に拠てこれを明さば、天の大風あり、大雨あり、陰曀あるがごとし。これもとより理の然らざるを得ざるに出で、その用また必ず欠くべからざるものなりといえども、霽朗開明なるはその常なるがごとし。ゆえに人心の物に接する、愛好を常とし悪憎を変とす。ゆえに敵に遇するもその常をもってし、その変をもってすべからざる、これ一理なり。

しかるにまた、いま一段これを詳明すれば、この敵する者という字を見るべし。いわゆる敵する者は我と同体の者なり。ゆえにその我に敵するのことは悪むべしといえども、その同体たるところにおいては、これをB愛せざるべからざるなり。いわゆる君子はその罪を悪みてその人を悪まず。ゆえに悪む者ただその事に止るべくして、その全体を挙てこれをC悪むべからざるなり。ゆえに公法交戦の条規のごとき、戎狄殄滅をもって戦の目的とし、生擒を殺し、降虜を殺し、毒箭を用い、詭計を行うがごときは、文明諸国すでにこれを取らず。ただ敵力を挫折して止むもの、これなり。今時、西洋諸国死刑を廃するの論ありて、往々これを典刑に載するの国あり。あるいはD然らざるも、これを減ずるは比々みな然り。けだし人もと同体の人を殺すの権なし。いやしくもその悪をなすゆえんのものを扭捏する、また可なるのみ。これ一理なり。

しかるにまた、いま一段これを詳明すれば、この敵する者という字を見るべし。いわゆる敵する者は我と匹敵たる者なり。我すでに彼と匹敵たりと思う、これ自ら小にするなり。いやしくも我、彼に駕して上る一層たれば、我必ず彼の我に敵するゆえんの在る有るを察して、もって彼の卑下なるを憐まんとす。これ、これを日常体験の際に徴して人々よく自ら知るものなり。③父母の悪子におけるがごとく、君子の小人におけるがごとし。已れすでにその匹敵にあらざれば、彼の憤然我に抗する者、我すなわち夷然これを受く。犯せども校せず、回や、それ庶幾んか。かつ見よ、尋常市井の間、任侠自ら喜ぶ者のごとき、また必ず屑々瑣々、その従類と錙銖を較せず。しかして怨恨・憤慍の現象は多く婦人と小人とにあるをや。これ一理なり。

しかるにまた、いま一段これを詳明すれば、この敵する者という字を見るべし。いわゆる敵する者は我と関係もっとも深き者なり。いま秦人の越人における、豪斯多羅利人の西伯人におけるごとき、Eこれを敵としこれを悪まんと欲するもまた由なきのみ。しかして英仏のあい悪む、同じく一方に雄視するをもってなり。英・米・蘭・白のあい悪むは本を同うして分るればなり。このほか是・葡あい悪み、瑞・嗹あい悪む、皆これなり。すなわち兄弟財を争うてあい悪み、同官権を争うてあい悪み、同学理を争うてあい悪み、同僚事を争うてあい悪み、同賈利を争うてあい悪む、これ皆その元始に反り、その関係を考うれば、親密ならざるべからざるものなり。ゆえに我これを愛するの関係なければ、またこれを悪むの縁由なし。ここをもってF悪む者は愛すべきの縁由ある者なり。

人まことにこの一訣をもって、人に接するの要となす。刻下既に已に大人君子、襟懐洒落、片雲の上に飄然たるを覚う。④吾儕あに勉焉、力をここに用いざるを得んや。ただこの言すなわち謨羅爾の要訣にして、波里垤加上、律法の由るところにあらず。けだし二つのもの並行れてあい戻らざるものなり。学者それ混視するなかれ。

[語彙・表現]

爾：あなた　一訣：1つの定め　上帝：天の神
純善至仁：純粋でこの上なく恵み深いこと　遺漏：漏れ、ミス　いやしくも：仮にも
上天：＝上帝　意：意向、考え　体す：心にとどめ、守るようにする
至極至高の則：最上位の決まり　〜に報ず：〜に報いる　直：ここでは公正な態度のこと
けだし：実際　ひと：他人　愉悦：楽しいこと　愁苦：心配して苦しむ
鬱悶：気持ちがふさぐ　和煦平温：非常に和やかで穏やかなさま
悖戻暴悍：道理に従わず、乱暴な状態　当：当たり前のこと
為群：社会や集団を作る　酌例：例を引いて、異なる事物の共通性を考えること
陰曀：日がかげって暗い　霽朗開明なり：空が晴れてさわやかな状態

一理：1つの道理　　詳明す：詳しく見る　　我に敵す：私を敵視する

同体たり：一体である　　悪む：憎む　　公法交戦の条規：戦時国際法　　戎狄：辺境の異民族

殄滅：滅ぼしつくす　　生擒：生け捕りになった者　　降虜：投降してきた捕虜

毒箭：毒矢　　詭計：敵をだます計画　　挫折す：（敵の戦力を）弱体化する

往々：しばしば　　典刑：刑法　　比々：どれもこれも　　扭捏す：押さえつける

〜と匹敵たり：同レベルである　　〜に駕す：〜を上回る　　卑下なり：劣っている

夷然：落ち着いて　　校す：反応する

回や、それ庶幾んか：孔子が弟子の顔淵をほとんど欠点がないとほめたことを表す

任侠：反社会勢力のような振る舞いをする人間　　屑々瑣々：こそこそ動き回る

従類：一族、家来　　錙銖を較せず：違いがない　　憤慍：腹を立てて、心でもだえること

秦人の越人における：秦と越は中国戦国時代の国の名前で、相互に最も離れていた

雄視す：立派に見せようとする　　蘭：オランダ　　白：ベルギー

是：スペイン（現代語では普通「西」を使う）　　葡：ポルトガル　　瑞：スウェーデン

嗹：デンマーク　　同賈：同じ商人　　刻下：現在

襟懐洒落：心の中でものごとに執着しない　　飄然：漂う状態　　吾儕：私

勉焉：つとめ励むこと　　謨羅爾：道徳　　波里垤加：政治　　律法：法律

混視す：混同する

［文法］

① 請う、こころみにこれを論ぜん

請う、〜ん：〜させていただきたい

② いわんや人はすでに肉体の生において為群の性を有するにおいてをや

A。いわ（況）んやBにおいてをや：Aですら〜なのだから、ましてや、Bは言うまでもない

③ 父母の悪子におけるがごとく

AのBにおけるがごと（如）く　C：AがBに対するようにCである

④ 吾儕あに勉焉、力をここに用いざるを得んや

あに〜や：どうして〜であろうか、いや〜ではない

[読むとき、ここに注目]

本文を読んで、次の質問に答えてください。

1．下線部Aについて。「これ」が指す内容を書いてください。

2．下線部B、Cを現代語訳してください。

B：________________________________

C：________________________________

3．空欄に適当な表現を入れて、下線部Dの具体的な内容を完成してください。

D：_________を__________ない国でも

4．下線部Eの理由を簡単に説明してください。

5．下線部Fの理由を簡単に説明してください。

西 周（にし あまね） 1829（文政12）～1897（明治30）

津和野藩（つわのはん）（現在の島根県）出身の武士。漢学に加え、蘭学を学び、津田真道らとオランダに留学し、哲学や法学を学ぶ。明治維新後は官僚として活躍する。森有礼らと「明六社」の結成に参加し、「明六雑誌」に論文を発表した。Philosophyを「哲学」と訳すなど、哲学、科学関係の多くの訳語を作り（「科学、芸術、技術、意識、知識、定義、心理学」など）これらの学問の普及に尽力したが、その一方で、かな漢字廃止論を唱え、『明六雑誌』創刊号に「洋字を以て国語を書するの論」を発表している。

「愛敵論」は、それまでの倫理観を検討し直し常識を疑うことを勧める議論の一つとして『明六雑誌』第16号に発表されたもので、敵を愛するという行為が倫理的に成立する理由を多角的に論じている。

死刑論

津田 真道

【本文】

①刑に死刑あるはなお罪犯審問の法に拷問あるがごときか。拷問のその法を失したることは、余すでにしばしばこれを論ぜり。今請う、死刑の刑にあらざるゆえんを説明せん。

それ刑は人の罪悪を懲すゆえんなり。懲るとは何んぞ。曰く、犯人悪事の罪業たる、罪業の畏るべきを知りて、これに懲り、これを悔い、善道に復帰するなり。刑法の目的、②宜しくかくのごとくなるべし。しかりしこうして、死刑は③いやしくもこれを施行すれば、すなわち人命を絶つ。④あにこれを懲悔の法とすべけんや。⑤たといその人懲悔するところあるも、その人すでに死して、その心魂その体にあらず、⑥これを奈何んぞ善道に帰し、善行を人間に脩［修］むるに由あらんや。ゆえに曰く、A死刑は刑にあらずと。

立法といい、司法という、吾人のこれを立て、これを司るところなり。吾人元来、人を活すの力徳なくして、ほしいままに人を殺すの法を制行す、あにこれを有道の事というべけんや。とうてい殺人の刑はまた暴悪の挙たるを免かれざるなり。刑典に曰く、人を殺す者は死と。はたして暴をもって暴に易るなり。

あるいは曰く、死刑は一人を刑して千万人を懲すなりと。そもそも、わが邦人口三千余万、年々死刑に処せらるる者、概するに千人、少しとせず。けだし数百千年これを懲らして、いまだかつて懲りざるか。しかりしこうして欧米各国を合すれば、その人口もとより我に数倍せり。その死刑に処せらるる者は、数国を合して一歳わずかに数人に過ぎず。B何んぞ兇［凶］悪人の我に多くして彼に少きや。けだし刑律の彼此同じからず、死刑彼に少く、ままあるいは全く死刑を廃したる国あると、またいわゆる開化の度同じからざるによるのみ。

復讐は古来これを善事とせり。しかれども、けっして善事にあらず、かえって大悪事なり。国家今日、謀殺律をもって復讐人に当す、惨酷にあらざるなり。復讐は実に百方謀搆、讐人を殺すなり。ゆえに復讐律の改定は、吾人慣習により、あるいはこれを論駁する者なしとせずといえども、間然すべからざるなり。ただし文明開化よく復讐を厳禁して、なお死刑を存す。C余が解すること、あたわざるところなり。けだし復讐を禁じて、なお死刑を存するは、なお酒を禁じてこれを罰する、酒杯をもってするごときか。

あるいは曰く、刑の主旨は吾人同社の害を除くゆえんなり。ゆえに暴悪の人はこれを殺して、もって吾人同社の害を除くなりと。この言、理あり。しかれども、よくこの主旨を達すべきもの、死刑を除て他に求むべし。いわゆる流刑なり。しかして流刑はかえって毒を他邦に移す、なお白圭の水を治むるにひとしく、隣国をもって壑とするの害あり、行うべからず。けだし、よく刑の主旨に適して施行すべきものは、ただ徒刑もしくは懲役あるのみ。

尚書に曰く、刑を無刑に期すと。その旨趣、善美なりというべし。しかれどもよくこれを空言に論ずべくして、いまだこれを実地に施すべきを知らず。余はすなわち刑を死刑なきに期す。しかれども、欧米文明の各国、死刑を廃するの説出てよりすでに百年、D彼にありても、いまだ全く行わるるに至らず。⑦いわんや、わが東方においてをや。けだしただこれを将来に期するのみ。今日にありてこの論を発す、いま自らそのなお早きを知るといえども、いささかベッカリヤ氏の顰に傚［倣］いて、わが邦人の睡魔を驚かさんと欲すというのみ。

[語彙・表現]

罪犯審問の法：犯罪を審理する方法　拷問：犯行を自白させるために暴力を使うこと

請う〜ん：〜したいと思う　懲す：罰する　懲る：罪を反省し、二度とやらないと思う

〜とは何んぞ：〜というのはどういうことだろうか　罪業：罪　畏る：恐れる

しかりしこうして：そして　懲悔：反省して後悔すること

べけんや：「べし」の未然形の古い形「べけ」＋「ん（む）」。反語でよく使われる。

吾人：私たち　司る：職務として担当する　制行す：制定する

有道：正しい道にかなっている　免かる：逃れる

暴をもって暴に易る：暴力で暴力に代える　概するに：およそ　けだし：実際

彼此：あちらとこちら　復讐：自分の身内を殺された人間が犯人を殺すこと

しかれども：けれども　謀殺律：計画殺人に関する法律　謀搆す：はかりごとをする

讐人：復讐の対象者、敵　論駁す：論の誤りを非難する

間然すべからず：他からいろいろ口をはさむべきではない

酒を禁じてこれを罰する、酒杯をもってす：酒を禁じて飲んだ場合の罰を酒を飲ませることにする

吾人同社：我々の社会　〜を除て：〜ではなく　流刑：犯罪者を遠い場所や島に送る刑罰

白圭の水を治むる：自国の治水だけを考え、他国のことを考えないたとえ

壑：谷　徒刑：身柄を一定期間拘束し、労役などに従事させる刑罰

尚書：古代中国の本の名前

刑を無刑に期す：刑罰を設けるのは刑罰のない社会を理想としているからだという説

旨趣：考え方　空言：実施できそうもないこと　いささか：少し

ベッカリヤ氏：イタリアの法学者。近代刑法学の祖といわれる

〜の顰に傚う：〜のまねをする　睡魔：眠気。ここでは問題に気づかないことを指す

［文法］

① 刑に死刑あるはなお罪犯審問の法に拷問あるがごときか

AにB（が）あるはCにD（が）あるがごとし：AにBがあるのはCにDがあるようなものだ

② 宜しくかくのごとくなるべし

宜しく～べし：当然～べきだ

③ いやしくもこれを施行すれば

いやしくも～ば：もし～ば

④ あにこれを懲悔の法とすべけんや

あに～や：どうして～ということがあるだろうか。（いや、～ということはない）（反語）

⑤ たといその人懲悔するところあるも

たとい～も：たとえ～ても

⑥ これを奈阿んぞ善道に帰し、善行を人間に脩［修］むるに由あらんや

いかんぞ～や：どうして～ことがあるだろうか。（いや、～ということはない）（反語）

⑦ いわんや、わが東方においてをや

いわ（況）んや～においてをや：ましてや～においてはそうである

[読むとき、ここに注目]

本文を読んで、次の質問に答えてください。

1．下線部Aの理由をこの段落で述べられている内容から、簡単に説明してください。

2．空欄に適当な表現を入れて、下線部Bの現代語訳を完成してください。

B：どうして凶悪人（の数）が＿＿＿＿＿＿＿＿＿＿＿＿＿＿ということがあるだろうか。（いや、そんなことはない。）

3．下線部Cについて。筆者は何が理解できないと言っているのですか。また、それはなぜですか。

4．下線部D「彼」が指すものを本文から抜き出してください。

5．筆者は死刑に反対する理由を5つ挙げています。その3つ以上を挙げてください。

津田 真道（つだ まみち） 1829（文政12）～1903（明治36）

津山藩（現在の岡山県）出身。蘭学などを学んだ後、西周らとオランダに留学し、法学などを学ぶ。明治維新後は官僚として、法律の整備に尽力する。森有礼らと「明六社」の結成に参加し、『明六雑誌』に拷問の廃止や出版の自由など、近代的な法整備の必要性に関する論文を発表する。

「死刑論」は、『明六雑誌』第41号に発表された論文で、犯罪に対する罰則は犯罪者を悔い改めさせるためのものであるにもかかわらず、死刑はその役目を果たすことはできず、犯罪の抑止効果も乏しいという点に基づいて死刑廃止を主張したものである。

世に良政府なる者なきの説

植木 枝盛

【本文】

人民は政府をして良政府ならしむるの道あれども、政府単に良政府なるものなきなり。○古より人民たる者良政府を望まざることなく、何々の政府は善良なり、何々の政府は悪政なり、畢竟政府は皆かくの如くなりたきものなり、国家の君主はかくの如き人を要す、何々の人物は暴虐なり、云々と。皆これを要するに、よき御上を望みてしかしてよき御上を得、御上をして善良ならしむるの道を知らず、けだしAこれを智恵ある者というべからず。

それ政府は単に良政府なし、人民ただこれを良政府とならしむるのみ。しかるに今吾儕右の如く断じて世に良政府なる者なしといわば、世人あるいは疑いてその無理なるを謂わんか。けだしこれを疑うはあえて無理には非ず、しかれども、吾儕がこの説はまた一つここにその理屈あることなり。

それこれを論ずるには、先ず①政府ならびに社会の成り立ちよりせずんばあるべからず。ある人は社会の成り立ちを一家の如く考え、政府と人民とを親子の如く一般に見做すあり。しかれども決してBしからず、その政府と人民とはただその約束を以てするものにして、天然に結び成したる者に非ず。なお商家の主人と番頭との如く、決して主人とその子との如きには非ず。○番頭の話し○実子の話し○下女の話し○家児の話し○故に親子の間は天然の愛情なるものあれども、②かの政府と人民とは利害を異にすることに付きては、必ず自ら利し、駆逐するの威力あれば駆逐し、乗ずべきあれば乗じ、とても油断はならぬなり。

先ず御覧なさい。古より政府の有様進歩し、法律寛舒に赴き、民権を与え自由を許す等の如きは、決してただその理の明かなるを以て公平虚心にこれをなすものに非ず、ただこれをなさざればたちまちその変を生出し、自ら損害を招くに至らんことを思うてしかるものなり。近くCこれを例せば、日本にて今年の春地租五厘の減少をなし、また近日米納金納二途の法を設くるの風説あれども、これも昨年の暮において処々の百姓が一揆を起こす等のことなかりせばこの挙はあることなかりしことなるべし、ただ一揆なりとも抵抗したる効なるのみ。

西洋にても、希臘、ローマ、英国等においても、古昔は人民自由を得ることなく、君主は人民を虐げてなりとも自己の自由安楽を得んとしたりき。すなわちその有様を譬うれば、人民は群鳥の如く、政府は衆鷹の如し、③群鳥は常に衆鷹のために搏撃呑噬せられて困しみを受けたるを以て、④もし今衆鷹より一層上なる鷹王にても出でなば、強きを抑え弱きを扶け、⑤群鳥の苦しみを救うべしと思いしに、鷹王出でたれば、そはいかに、暴虐の威を振う事益々甚しく、⑥群鳥はそが毒嘴悪爪を防ぐに暇あらぬ模様なりし。ただしこの時には国を愛し民を憂うる者どもおもえらく、これ君主の権に限界なきが故なり、今よりは君主人民を治むるの権に限界を立て定むべしと、この限界の義を名づけて自由の理といいしなり。(中略)

また政府の事は、畢竟その結果を見ざれば⑦未だそのいかんたるを知らざるものなるが故に、むしろ後にその結果を以て良邪を判ぜんも、初めよりは善く分からぬことなるべし。だから、古より堯舜禹湯文王武王の如く、また何々の如く、総て良政府の如き者もあれども、これも後世よりこれを見てその正善なるを知れども、初世に在りてはその意その事のいかんを確明に知るを得ざりしことなるべし。

故にD専制の政府には先ず第一に国憲を立定するがその自由を保つの道なれども、すでに国憲を立てたる者の如きは、⑧またこれを保持確守する事なくんばあるべからざるなり。

それ人は私意なきを免がれず、油断すれば大敵の譬の如く、人民にして政府を信ずれば、政府はこれに乗じ、これを信ずること厚ければ、益々これに付け込み、もしいかなる政府にても、良政府などいいてこれを信任し、これを疑うことなくこれを監督することなければ、必ず大いに付け込んでいかがのことをなすかも斗り難きなり。故に曰く、世に単に良政府なしと。

かくの如きが故に、人民はなるべく政府を監督視察すべく、Eなるべく抵抗せざるべからず。これを廃すれば決して良政美事を得ることなかるべし。⑨況んや彼の初めより明かに圧制政府においてをや。(以下略)

[語彙・表現]

畢竟:結局　御上:人民から見た政府の呼び名。精読編の福沢の文章参照 (p.40)
吾儕:私たち　謂わんか:言うだろうか　吾儕がこの説:私たちのこの説
番頭:商家で主人の次の職務の人　駆逐す:追い払う　寛舒に赴く:穏やかになる
虚心に:先入観なしに　〜を例す:〜の例を挙げる　地租:土地にかかる税金
厘:1厘＝0.1%　一揆:困窮した農民らが政府に要求を掲げて抵抗した運動
衆鷹:鷹の集まり　搏撃す:殴る　呑噬す:飲んだり噛んだりする
毒嘴悪爪:毒のくちばし、悪い爪　おもえらく:考えるには
堯舜:古代中国の王の名前
禹湯文王武王:夏の禹王、殷の湯王、周の文王、武王。いずれも古代中国の王の名前

国憲：憲法　　立定す：制定する　　～に乗ず：～につけ込んで利用する

斗(はか)り難(がた)し：「斗(はか)る」は「計る」と同じで、全体で、予測しにくいの意味

[文法]

①　政府ならびに社会の成り立ちよりせずんばあるべからず

せずんばあらず：「せ」は「す」の未然形、「ずんば」は「ずは」の強調表現、全体で「なければならない」の意味になります。

②　かの政府と人民とは利害を異にすることに付きては

かの：現代語の「あの」「あれ」のような「あ」は文語では「か」となります。
ここの「かの」は「上で述べた」ぐらいの意味です。

③　群鳥は常に衆鷹のために搏撃呑噬(はくげきどんぜい)せられて

のために：現代語の「によって」と同じく、受動文の動作主を表します

④　もし今衆鷹より一層上なる鷹王(たかおう)にても出でなば

なば：「な」は完了の助動詞「ぬ」の未然形で、「（もし）～としたら」の意味です。

⑤　群鳥の苦しみを救うべしと思いしに

べし：ここでは「はずだ、にちがいない」の意味です。

（連体形＋）に：現代語の「のに」に対応する逆接の意味です。

⑥　群鳥はそが毒嘴悪爪(どくしあくそう)を防ぐに暇(いとま)あらぬ模様なりし

そ：文語では「それ」「これ」を「そ」「こ」で表すことがよくあります。

が：現代語の「の」の古い形で、「君が代」「我が国」の「が」も同様の例です。

～に暇(いとま)あらず：～する暇(ひま)、時間がない、という意味です。

⑦　未(いま)だそのいかんたるを知らざるものなるが故に

未(いま)だ～ず：「未だ」は「まだ」の文語の形で、「まだ～ない」の意味です。

いかんたり：「いかん」は「どのような」、「たり」は断定の助動詞です。

～が故に：～だから

⑧　またこれを保持確守する事なくんばあるべからざるなり

なくんば：「なくは」の強調形で、「なければ」の意味です。上の「せずんばあらず」の説明も参照してください。

⑨　沢（いわ）んや彼（か）の初めより明かに圧制政府においてをや

A。況（いわ）んやBにおいてをや：Aですら〜なのだから、ましてや、Bは言うまでもない

[読むとき、ここに注目]

本文を読んで、次の質問に答えてください。

1．下線部Aの理由を簡単に説明してください。

2．下線部B「しからず」は「そうではない」ということですが、ここでは具体的にどういうことを指しているのかを簡単に説明してください。

3．下線部C「これ」が指す内容を説明してください。

4．下線部Dの理由を簡単に説明してください。

5．下線部E「なるべく抵抗せざるべからず」を現代語に訳してください。また、その理由を簡単に説明してください。

[調べてみよう、考えてみよう]

「参考」(p.129)に挙げた筆者植木枝盛の「東洋大日本国国憲按」と「大日本帝国憲法」の該当部分を比較し、その特徴を考えてみよう。

植木 枝盛（うえき えもり） 1857（安政4）～1892（明治25）

土佐藩（現在の高知県）出身。西郷隆盛（さいごうたかもり）、板垣退助（いたがきたいすけ）らが下野した明治6年の政変に触発されて上京し、福沢諭吉に師事する。自由民権運動の論者として活躍し、民間の憲法試案（私擬憲法）で最も急進的、民主的な内容とされる「東洋大日本国国憲按」を起草した。第1回衆議院議員選挙で当選するが、胃潰瘍（いかいよう）で早世した。死後、業績が再評価され、「東洋大日本国国憲按」は間接的に日本国憲法に影響を与えたとも言われる。

「世に良政府なる者なきの説」は、自由は政府から与えられるものではなく、人民の抵抗によってはじめて得られるものであり、人民が政府を常に監視し続けなければ、自由が守られることはないとの考えを述べたものである。

断片

夏目 漱石

【本文】

人は日本を目して未練なき国民という。数百年来の風俗習慣を朝食前に打破して毫も遺憾と思わざるはなるほど未練なき国民なるべし。去れども善き意味にて未練なきか悪しき意味において未練なきかは疑問に属す。西洋人の日本を賞讃するは半ば己れに模倣［倣］し己れに師事するがためなり。その支那人を軽蔑するは①己れを尊敬せざるがためなり。②彼らの称讃中にはわが国民の未練なき点をも含むならん。去れどもAこれを名誉と思うは誤なり。深思熟慮の末去らねばならぬと覚悟して翻然として過去の醜穢を去る、これ（B　　　）意味においての未練なきなり。目前の目新しき景物に眩せられ一時の好奇心に駆られて百年の習慣を去る、これ（C　　　）意味においての未練なきなり。沈毅の決断は悔る事なかるべく発作的の移動はまた後戻する事あるべし。日本人は一時の発作にて凡ての風俗を棄てたる後また棄てたるものをひろい集めつつあるなり。俳句は棄てられてまた興りぬ。茶の湯は斥けられてまた興りぬ。謡は廃せられてまた興りぬ。棄てたる時に悪漢あって拾い去らざりしは諸君のために甚だ賀すべき事なり。しかしながらD諸君の未練なきを賀する気にはなれぬなり。

日本人は創造力を欠ける国民なり。維新前の日本人はひたすら支那を模倣［倣］して喜びたり。維新後の日本人はまた専一に西洋を模擬せんとするなり。憐れなる日本人は専一に西洋人を模擬せんとして経済の点において便利の点においてまた発作後に起る過去を慕うの念において遂に悉く西洋化する能わざるを知りぬ。過去の日本人は唐を模し宋を擬し元明清を模し悉くして③一方に倭漢混化の形迹を留めぬ。現在の日本人は悉く西洋化する能わざるがためやむをえず日欧両者の衝突を避けんがためその衝突を和げんがため進んでこれを渾融せんがため苦慮しつつあるなり。日本服に帽子は先ず調和せられたりといわん。洋服に足駄は遂に不調法といわざるべからず。美術に文学に道徳に工商業に東西の分子入り乱れて合せんとし合せんとして合する能わざるの有様なり。日本の書は右より下〔に〕始まり西洋の書は左より横に読むなり。両者は如何にして合併すべきか。日本の仮名はv, d, th等の音を示すを得ず。諸君は如何にして両者の調和をはかるべきか。（以下略）

[語彙・表現]

～を目して…という：～を…と言う　未練(みれん)なし：あきらめがよく、切り替えが早い
朝食前(あさめしまえ)に：簡単に　毫(ごう)も～ず：すこしも～ない　遺憾(いかん)：残念
去(さ)れども：しかし　半(なか)ば：半分は　深思熟慮(しんしじゅくりょ)の末(すえ)：深く考えた上で
翻然(ほんぜん)として：はっきりと、きっぱりと　醜穢(しゅうわい)：汚いもの
～に眩(くらま)せらる：～に目をくらまされる、だまされる　沈毅(ちんき)：落ち着いたさま
発作的(ほっさてき)：深く考えない、衝動的な　茶の湯：茶道　斥(しりぞ)く：～を排除する
謡(うたい)：謡曲　悪漢：悪い人間　賀(が)す：喜ぶ　維新(いしん)：明治維新
～を慕(した)う：～を恋しく思う　悉(ことごと)く：完全に、全て
唐(とう)、宋(そう)、元(げん)、明(みん)、清(しん)：中国の王朝の名前
～を模す、～を擬す：いずれも「～をまねる」　倭漢(わかん)：日本と中国
渾融(こんゆう)す：融合する　足駄(あしだ)：下駄　不調法(ぶちょうほう)：調和しない、不作法な　合(がっ)す：融合する
如何(いか)にして：どうやって

[文法]

①　己れを尊敬せざるがためなり

（連体形＋）がため：～のために、～という理由で

②　彼らの称讃中にはわが国民の未練なき点をも含むならん

含むならん：含む（連体形）＋断定の助動詞「なり」の未然形＋ん（む）

③　一方に倭漢(わかん)混化の形迹(けいせき)を留(とど)めぬ

留(とど)めぬ：下二段動詞「留む」の連用形＋完了の助動詞「ぬ」の終止形で、全体で「留めている」の意味です。

[読むとき、ここに注目]

本文を読んで、次の質問に答えてください。

1．下線部Aの理由を簡単に説明してください。

2．空欄B、Cに「良き」「悪しき」のいずれかを入れてください。

B：＿＿＿＿＿＿＿＿

C：＿＿＿＿＿＿＿＿

3．下線部Dの理由を簡単に説明してください。

4．本文の内容にそくして、筆者が日本人の問題点として考えたことについて簡単に説明してください。

夏目 漱石（なつめ そうせき） 1867（慶応3）～1916（大正5）

江戸（現在の東京都）出身。後の第一高等学校（現在の東京大学教養学部）から東京帝国大学（現在の東京大学）英文科に入学する。第一高等学校時代から俳人の正岡子規（まさおかしき）との親交を深め、俳句に造詣を深める。第五高等学校（現在の熊本大学の前身）で英語教師をしていた際に、国費留学生としてイギリスに留学するが、イギリス滞在中に神経衰弱が悪化する。その後、「吾輩は猫である」で作家としてデビューし、朝日新聞紙上に「三四郎」「こころ」などの作品を発表した。森鷗外（もりおうがい）と並ぶ明治の文豪であり、芥川龍之介（あくたがわりゅうのすけ）ほか多くの作家、学者、文化人に影響を与えた。

「断片」は、『漱石文明論集』（岩波文庫）に収めれた夏目の文明批評論の1編で、英文学と漢文学に優れ、明治期の西洋文明の摂取の恩恵を受けつつも、その近代化のあり方の矛盾を鋭く批判した内容となっている。

「一年有半」より

中江 兆民

【本文】

わが日本古より今に至るまで哲学なし。本居篤胤の徒は古陵を探り、古辞を修むる一種の考古家に過ぎず、天地性命の理に至ては瞢焉たり。仁斎徂徠の徒、経説につき新意を出せしことあるも、要、経学者たるのみ。ただ仏教僧中創意を発して、開山作仏の功を遂げたるものなきにあらざるも、これ終に宗教家範囲の事にて、純然たる哲学にあらず。近日は加藤某、井上某、自ら標榜して哲学家と為し、世人もまたあるいはこれを許すといえども、その実は己れが学習せし所の泰西某々の論説をそのままに輸入し、いわゆる崑崙に箇の棗を呑めるもの、哲学者と称するに足らず。それ哲学の効いまだ必ずしも人耳目に較著なるものにあらず、即ち貿易の順逆、金融の緩漫、工商業の振不振等、哲学において何の関係なきに似たるも、そもそも①国に哲学なき、あたかも床の間に懸物なきが如く、その国の品位を劣にするは免るべからず。カントやデカルトや実に独仏の誇なり、二国床の間の懸物なり、二国人民の品位において自ら関係なきを得ず、これ閑是非にして閑是非にあらず。哲学なき人民は、何事を為すも深遠の意なくして、浅薄を免れず。

わが邦人これを海外諸国に視［見］るに、極めて事理に明に、善く時の必要に従い推移して、絶て頑固の態なし、これわが歴史に西洋諸国の如く、悲惨にして愚冥なる宗教の争いなき所以なり。明治中興の業、ほとんど刃に衄らずして成り、三百諸侯先を争うて土地政権を納上し遅疑せざる所以なり。旧来の風習を一変してこれを洋風に改めて、絶て顧籍せざる所以なり。而してその浮躁軽薄の大病根も、また正に此にあり。その薄志弱行の大病根も、また正に此にあり。その独造の哲学なく、政治において主義なく、党争において継続なき、その因実に此にあり。これ一種小怜悧、小巧智にして、而して偉業を建立するに不適当なる所以なり。極めて常識に富める民なり、②常識以上に挺出することは到底望むべからざるなり。亟［速］かに教育の根本を改革して、死学者よりも活人民を打出するに務むるを要するは、これがためのみ。

［語彙・表現］

本居篤胤の徒：本居宣長、平田篤胤ら江戸時代の国学の学者（国学者）のことを指す
古陵を探り、古辞を修む：考古学的な研究や古典の解釈を行う
天地性命の理：世の中の生命に関わる理論　　瞢焉：はっきりしない
仁斎徂徠の徒：伊藤仁斎、荻生徂徠ら江戸時代の儒教の学者（儒者）のことを指す

経説：儒教の学説　要：要するに　経学者：儒者
開山作仏の功：仏教の発展への功績　加藤某：加藤弘之のこと
井上某：井上哲次郎のこと　泰西：西洋
崑崙に箇の棗を呑めるもの：「論語読みの論語しらず」（専門家が実はそれを生かして実行できない）ということ
較著なり：明らかなこと　床の間：日本家屋の居間にある空間　懸物：掛け軸
閑是非：どうでもいいこと　浅薄：浅はかであること
事理に明なり：ことがらの筋道がわかっている　愚冥なり：愚かである
明治中興の業：明治維新関連の事業
刃に衂らずして成り：明治維新がほとんど流血を伴わずに実現したことを指す
三百諸侯先を争うて土地政権を納上し遅疑せず：版籍奉還（江戸時代の大名が明治維新後、領地と領民の支配権を天皇に返上したこと）、廃藩置県（江戸時代の藩を廃止して府県をおくという明治維新後の改革）が迅速に行われたことを指す
顧籍す：気にかけて惜しむ　浮躁軽薄：考えが浮ついていて軽率であること
薄志弱行：意志が弱く、行動力がないこと　独造の：独創的な
小怜悧、小巧智：小賢しいこと　～に富める民：～を多くもっている民衆
挺出す：抜きん出る、傑出する　亟［速］かに：すぐに
死学者：（抽象的な意味で）死んだ学者　活人民：生き生きとした人民

［文法］

①　国に哲学なき、あたかも床の間に懸物なきが如く

「なき」の後に「は」を補って考える：国に哲学がないのは

②　常識以上に挺出することは到底望むべからざるなり

到底（＋可能の否定）：とても～できない。「～べからず」は「～ことはできない」

［読むとき、ここに注目］

本文を読んで、次の質問に答えてください。

1．筆者は、哲学が必要である理由をどのように考えていますか。

2．筆者は日本人の問題点として、どのようなことを挙げていますか。簡単に説明してください。

「経済上の理想社会」より

河上 肇

【本文】

四　目的行為と苦痛

およそ人間の行為の中、他の目的を達するための手段たるものが、多くは皆な苦痛となり労働となるも、畢竟はまた以上の理にもとづく。他の目的を達するための手段たる行為にあらずして、①ただそれ自身を目的とするの行為たらんか、その行為、或る程度に達して苦痛を覚ゆるに至らば、吾人はその時直ちにこれを中止すべしといえども、これに反し、何らか一定の目的を達するがための手段たる場合においては、その行為既に苦痛を感ずるの程度に達すといえども、吾人はなお容易にこれを中止せず。②これその娯楽たり遊戯たり得ざる所以なり。

されば同一の行為といえども、意に任せてこれを行い意に任せてこれを已むを得る時は則ち快楽となり、その然るを得ざる時は則ち苦痛となる。

等しくこれ梅花を見、梅香を聞くの人なり。しかもＡ探梅の客は、花を観、香を聞き、飽かば則ち去るが故に、能く樹下に逍遥して憂いを忘るといえども、Ｂ茶店の主は、求むる所他にあるが故に、花に飽き香に飽くもなおその地を去るあたわず、清香空に満つるの裡にあって、客の少きを憂え、得るの多からざるを苦とす。また彼の狩猟を娯楽とする者に見よ。山に登り谷に下り、身心艱難、経営し苦辛してなおかつ楽しとする所以は、これを以て生業の手段となさず、従って飽かば則ち已むを得るがためのみ。(中略)

経済行為は疑いもなく一の目的行為なり。しかしながらそは目的行為たるがために苦痛の労働たるにあらず。もしその継続の時間にして短縮するを得んか、③今日何人も苦痛の労働たらざるべからずとなせるこの経済行為は半ばは変じてたちまち愉快なる遊戯とならん。而して吾人は④かかる事の実現せらるる日の、一日も速やかならん事を祈り居るものなり。

五　労働時間短縮の方策

労働時間短縮の主なる方策はほぼ二あり。一を生産の技術および組織の改良進歩となす。機械および分業の発達はその主なるものなり（中略)。二を労働の分担となす。今まず後者について一言せん。

煩わしけれど、重ねて一、二の比喩を挙げんに、譬えば⑤ここに激烈なる一壜の毒液ありとせよ。数人相分ってこれを飲まば、たちまち血を吐いて直ちに死すべきなり。しかれどもこれをわが同胞五千万の人に頒ちて飲ましめば、各人の飲む所一滴の何万分の一、⑥飲むと飲まざるとにおいて何ら影響の異なるなかるべし。これを毒液頒布の利益となす。また人あり、火災に遇い家財五万円、一朝にしてことごとくこれを烏有に帰せしめたりとせよ、妻子一族たちまちにして路に迷わざるを得ざらん。しかれども、もし全国五千万の同胞、各々彼がため仮りに一厘ずつを寄附したりとせよ、たちまちにしてまた五万円を得、彼をして何らの損害を感ぜしめざるに足る。若干の損害これを一人に集むれば以て家族の死命を制するに足り、これを全国に分てばほとんど何らの痛痒を感ずることなし。これ即ち損害分担の利益にして、いわゆるC火災保険、生命保険等の広く世に行わるる所以なり。

今まこれを労働についていうも然り。社会一部のもの全くこれが負担を免れ社会の他の一部のものにのみその全部を負担せしめんか、負担する者の苦痛耐ゆべからず。しかれども、これが負担を社会全般に分配せんか、社会全般の者はこれがため敢て何らの痛痒を感ぜずして、しかも社会一部の者は全く労働の苦痛を免るるに至ることあらん。一石の酒、これを一人にて飲み尽くせと強ゆれば、彼は身を焼いて死せん。しかもこれを五百人に分って飲まんか、受くる所一人各々二合、団欒して百薬の長となして楽しむに足らん。これD吾人が切に労働の分配を出来得る限り均一にせんことを理想とする所以なり。(中略)

さて労働の分配を出来得る限り均一にせんとすというは与えられたる労働の分量を如何に処分せんかとの問題に対するの答案なり。しかしながら吾人は更に進んで人生に必要とする労働の分量を出来得る限り軽減するの策を講ぜざるべからず。もし人生全体の負担せる労働の分量にして多からんか、⑦たといこれを社会全般の者に分配するとも、吾人はついに苦痛の労働を変じて愉快なる娯楽となすを得ざるべし。これE生産の技術および組織の改良進歩を計るの必要ある所以なり。

生産の技術および組織の改良進歩は、皆な出来得る限りこれが犠牲を小にして、出来得る限りその効果を大にせんことを以て目的とするもの。而してこの目的は、今や着々実現せられ、人生の必要とする労働の負担量は年を追うてますます減少しつつあり。即ちこの点よりいうも、吾人の理想たる、たといその完全なる実現は永久に不能とするも、しかも眼前の事象は、歩一歩、絶えず彼岸に向って進みつつあるを見るなり。

[語彙・表現]

吾人：私、われわれ

されば：「さあれば」が縮まった形で、「さ」は「そう」。全体で「そうであるから」の意味

意に任せて：自分の意志に従って　　已む：やめる

則ち：語調を整えるために使われており、特に訳さなくてもよい

梅香を聞く：香りを嗅ぐことを「香りを聞く」とも言う　　飽く：飽きる

樹下に逍遥す：木の下を散歩する　　艱難：大変な苦労　　煩わし：面倒だ

相分つ：分け合う　　同胞：同じ国、民族の人間

～に遇う：（災害などに）遭遇する、被害を受ける

五万円：（米価を基準に換算すると）当時の1円＝現在の約4,000円なので2億円に相当

一朝にして：一晩のうちに　　烏有に帰す：全てがなくなる

路に迷う：路頭に迷う、生活できなくなる

一厘：1円の1000分の1。1銭の10分の1　　死命を制す：致命的な影響を与える

痛痒を感ずることなし：痛みも痒みも感じることなしに

一石：一升（1.8リットル）の100倍　　強ゆ：強いる、強制する

～合：一合は一升の10分の1、180ミリリットル　　団欒す：家族などが仲良く過ごす

百薬の長：酒の効能を言うことば。「酒は百薬の長」

彼岸：元来は悟りの境地の意味。ここでは、究極の目標の意味

[文法]

①　ただそれ自身を目的とするの行為たらんか

未然形＋ん（む）＋か：～したらどうなるか

以下の文でも用いられています。「社会の他の一部のものにのみその全部を負担せしめんか」「これが負担を社会全般に分配せんか」「これを五百人に分って飲まんか」「もし人生全体の負担せる労働の分量にして多からんか」

②　これその娯楽たり遊戯たり得ざる所以なり

「その」は「それが」、「たり」は断定の助動詞「たり」の連用形

③　今日何人も苦痛の労働たらざるべからずとなせるこの経済行為は

何人も：全ての人が　たらざるべからず：～ではないはずがない

～となせる：～としている。「なす」（する）の已然形＋完了の助動詞「り」の連体形

④　かかる事の実現せらるる日の、一日も速やかならん事を祈り居るものなり

かかる：このような

実現せらるる：「実現す」の未然形＋受身の助動詞「らる」の連体形

祈り居る：現代語の「祈っている」に対応する

⑤　ここに激烈なる一壜の毒液ありとせよ

～とせよ：～と考えてみよう

⑥　飲むと飲まざるとにおいて何ら影響の異なるなかるべし

異なるなかるべし：「異なる」の後に「こと」を補って考える

⑦　たといこれを社会全般の者に分配するとも

たとい～とも：現代語の「たとえ～ても」に相当する

[読むとき、ここに注目]

本文を読んで、次の質問に答えてください。

1．下線部A、Bについて。A「探梅の客」とB「茶店の主」とで、同じ「梅花を見る」という行為が持つ意味はどのように異なりますか。本文の内容にそくして簡単に説明してください。

2．下線部Cについて、火災保険、生命保険等の利点を、本文の内容にそくして簡単に説明してください。

3．下線部Dの理由を、本文の内容にそくして簡単に説明してください。

4．下線部Eの理由を、本文の内容にそくして簡単に説明してください。

[調べてみよう、考えてみよう]

現在、AI（人工知能）の発達で多くの人の職が失われるという不安があります。こうした点を含め、筆者が本文で述べている「理想の経済社会」は約100年後の現在においてどのように考えられると思いますか。あなたの考えを書いてください。

河上 肇（かわかみ はじめ） 1879（明治12）～1946（昭和21）

山口県出身。東京帝国大学卒業後、大学院で経済学を学び、京都帝国大学（現在の京都大学）で教鞭を執る。1913（大正2）年～1915（大正4）年にかけての2年間のヨーロッパ留学後、貧乏の問題を経済学的に追究した「貧乏物語」を執筆、大正デモクラシーを代表するベストセラーとなるが、その内容に対する批判を受け、次第にマルクス主義経済学の研究に没頭していく。京都帝国大学教授辞任後、日本共産党との関係などの理由で治安維持法違反によって逮捕され、収監される。

「経済上の理想社会」は、1910（明治43）年に雑誌『中央公論』（25年3号）に発表された論文で、経済上の理想状態を達成するには、労働の分配、生産性の向上、職業の種類の増加とその選択の増進が必要という経済学における河上のビジョンが述べられている。

「憲法講話」序

美濃部 達吉

【本文】

明治四十四年の夏、余は①文部省の開催せる中等教員夏期講習会において帝国憲法の大要を講話するの委嘱を受け、七月の末より八月の初めにわたり②前後約十回を以てその講話を終れり。当時③聴講者諸氏のその筆記を公にせんことを希望せらるる者多かりしを以て、爾来その補訂の事に従うこと半年、今僅かにその業を終りて④ここにこれを公にすることとなりぬ。

惟うに我が国に憲政を施行せられてより既に二十余年を経たりといえども、憲政の智識の未だ一般に普及せざること殆ど意想の外にあり。⑤専門の学者にして憲法の事を論ずる者の間にすらも、なお言を国体に藉りてひたすらに専制的の思想を鼓吹し、国民の権利を抑えてその絶対の服従を要求し、立憲政治の仮想の下にその実は専制政治を行わんとするの主張を聞くこと稀ならず。余は憲法の研究に従える一人として、多年Aこの有様を慨嘆し、もし機会あらば国民教育のために⑥平易に憲法の要領を講ぜる一書を著さんことを希望し居たりしも、公務繁忙にしてその暇を得ること能わざりしは常に遺憾とする所なりき。偶々文部省の委嘱ありて、師範学校中学校校長教員諸氏の前に憲法の大意を講ずる機会を得たるは、余の平生の希望の幾分を満たし得たるものにして、余は与えられたる時間を出来得る限り最も有効に利用せんことを勉め、⑦ほぼ予定の如き講演を終ることを得たり。固より僅かに十回の講演に過ぎざれば、⑧法律的の議論の専門に渉るものはなるべくこれを避けたれども、なお憲法上の重要なる諸問題はほぼ漏なく論ずることを得たるのみならず、行政組織、行政作用の大綱、殖民地制度等についても、多少論及することを得たり。就中憲法の根本的精神を明かにし、一部の人の間に流布する変装的専制政治の主張を排することは、余の最も勉めたる所なりき。

本書はこの講演の速記を基礎としてこれに多少の修正増補を加えたるものなり。余はさきに『日本国法学』の一書を著さんことを企て、数年前その第一冊を公刊したりしが、種々の事情に妨げられ、爾来一時その編述を中絶せり。その続稿を公にし得るは恐らくは数年の後なるべし。本書は固よりこれに代わるべきものにはあらざれども、なお帝国憲法の趣旨を闡明し、B健全なる立憲思想を普及せんとすることにおいては⑨その目的を同じゅうす。もし本書に依りて多少なりともこの目的に資することあらば余の本懐これに過ぎず。

明治四十五年紀元節の日　　美濃部達吉

[語彙・表現]

余：私　　講話：講義　　爾来：それ以降　　僅かに：ようやく、やっとのことで

惟うに：考えてみると

我が国に憲政を施行せられてより既に二十余年を経たりといえども：大日本帝国憲法の施行は1890（明治23）年で、この文章が公刊されたのは1912（明治45）年

殆ど意想の外にあり：ほとんど想定外である

言を国体に藉りて：国体の名目のもとに

国体：日本の国の体制を表す語。太平洋戦争末期「国体護持」をめぐる議論が迷走し、ポツダム宣言の受諾が遅れ、多くの被害が出た

専制的の思想：現代語では「専制的な（思想）」となる

立憲政治：憲法によって国家権力の独裁を防ごうとする考え方で専制政治と対立する。美濃部は大日本帝国憲法において天皇は統治権を持つ国家の一員として統治を行うという天皇機関説を説き、大日本帝国憲法において天皇に主権が認められているという天皇主権説と対立した。

慨嘆す：嘆き、ひどいことだと思う

暇：時間的余裕。現代語の「暇」と対応する用法(2)もあるが、(3)の用法はない。(4)の意味に近い文語の表現に「暇乞い」がある

(1) 文　書を読む暇あらず。

(2) 現　本を読む暇がない。

(3) 現　今日は一日暇だ。

(4) 現　そろそろお暇します。（他人の家を辞去するときのあいさつ）

師範学校：教員養成の学校　　幾分：いくらか　　～の大綱：～の中心的な部分

殖民地：現代語では「植民地」と書くのが一般的　　就中：中でも

～を企つ：～を計画する、構想する　　闡明す：明らかにする

～に資す：～に貢献する　　本懐：かねてからの願い　　これに過ぎず：これに勝るものはない

紀元節：日本の初代天皇とされる神武天皇が即位したとされる日。現在の建国記念の日。

[文法]

①　文部省の開催せる中等教員夏期講習会

開催せる：サ変動詞「開催す」の未然形＋完了の助動詞「り」の連体形

②　前後約十回を以てその講話を終れり

終れり：四段動詞「終る」の已然形＋完了の助動詞「り」の終止形

～を以て：「～で」の意味の格助詞相当表現

③　聴講者諸氏のその筆記を公にせんことを希望せらるる者多かりし

希望せらるる者：「希望す」の未然形＋尊敬の助動詞「らる」の連体形

全体の意味は「聴講者諸氏で～を希望される人が多かった」。

通常の連体修飾節だと「その筆記を公にせんことを希望せらるる聴講者諸氏（多かりし）」という語順になるが、ここでは連体修飾節の中心の名詞（主名詞）が最初に来ている。こうした連体修飾節は主要部内在型関係節と呼ばれている。現代語では次のような例がある

(1)　ビールのよく冷えたのが冷蔵庫に入っている。(←よく冷えたビールが)

④　ここにこれを公(おおやけ)にすることとなりぬ

～となりぬ：「ぬ」は完了の助動詞「ぬ」の終止形

⑤　専門の学者にして憲法の事を論ずる者の間にすらも

これも主要部内在型関係節で、通常語順では「憲法の事を論ずる専門の学者」となる

⑥　平易に憲法の要領を講ぜる一書を著(あらわ)さんことを希望し居(い)たりしも

講ぜる：サ変動詞「講ず」の未然形＋完了の助動詞「り」の連体形で、全体で「講義した」となる

希望し居(い)たり：現代語の「希望していた」に対応する

連体形＋も：現代語の「ても」に対応する逆接の意味を表す

⑦　ほぼ予定の如き講演を終ることを得たり

得たり：下二段動詞「得(う)」の連用形＋完了の助動詞「たり」の終止形なので、「得(え)たり」

⑧　法律的の議論の専門に渉(わた)るものはなるべくこれを避けたれども

法律的の議論：現代語では「法律的な（議論）」

～に渉る：～に関する　**これ**：現代語では普通このタイプの「これ」は省略する

⑨　（本書は『日本国法学』と）その目的を同じゅうす

AはBとCを同じゅうす：AとBはCが同じだ

[読むとき、ここに注目]

本文を読んで、次の質問に答えてください。

1．下線部Ａが指す内容を説明してください。

2．下線部Ｂ「健全なる立憲思想」と対立する考え方を本文から抜き出してください。

[調べてみよう、考えてみよう]

筆者美濃部達吉が巻き込まれた「天皇機関説事件」とはどのようなものであったのかを当時の時代状況と合わせて調べて、まとめてみよう。

美濃部 達吉（みのべ たつきち） 1873（明治6）～1948（昭和23）

兵庫県出身。東京帝国大学で法学を学び、東京帝国大学などで憲法などを講義する。大日本帝国憲法（明治憲法）下の国家のあり方を、統治権は法人としての国家にあり、天皇はその最高機関として、内閣などの助けを得ながら統治権を行使するという天皇機関説を発表する。この考え方は、大正天皇、昭和天皇および、当時のエリート官僚の明治憲法に関する共通理解となっていたが、昭和に入り、軍部が力を増すにつれ、批判の対象となり、美濃部は貴族院議員辞職に追い込まれた（天皇機関説事件）。戦後、東京都知事となった美濃部亮吉は美濃部の長男である。

『憲法講話』は、美濃部が自らの明治憲法論を平易な形で述べたもので、天皇機関説や当時の明治憲法理解の実態を知る上で極めて貴重な資料である。

兵士を送る

幸徳 秋水

【本文】

行矣従軍の兵士、吾人今や諸君の行を止むるに由なし。

①諸君今や人を殺さんが為めに行く、否ざれば即ち人に殺されんが為めに行く、吾人は知る、是れ実に諸君の希う所にあらざることを、然れども兵士としての諸君は、単に一個の自動機械也、憐れむ可し、諸君は思想の自由を有せざる也、躰［体］躯の自由を有せざる也、諸君の行くは諸君の罪に非ざる也、英霊なる人生を強て、②自動機械と為せる現時の社会制度の罪也、③吾人諸君と不幸にして此悪制度の下に生るるを如何せん、行矣、吾人今や諸君の行を止むるに由なし。

嗚呼従軍の兵士、諸君の田畒は荒れん、諸君の業務は廃せられん、諸君の老親は独り門に倚［寄］り、諸君の妻児は空しく飢に泣く、而してA諸君の生還は元より期す可らざる也、而も諸君は行かざる可らず、行矣、行て諸君の職分とする所を尽せ、一個の機械となって動け、然れども露国の兵士も又人の子也、人の夫也、人の父也、諸君の同胞なる人類也、之を思うて慎んで④彼等に対して残暴の行あること勿れ。

嗚呼吾人今や諸君の行を止むるに由なし、B吾人の為し得る所は、唯諸君の子孫をして再び此惨事に会する無らしめんが為めに、今の悪制度廃止に尽力せんのみ、諸君が朔北の野に奮進するが如く、吾人も亦悪制度廃止の戦場に向って奮進せん、C諸君若し死せば諸君の子孫と共に為さん、諸君生還せば諸君と与に為さん。

［語彙・表現］

行矣：「行け」。「矣」は読まない　　今や：今では　　行：行くこと
～に由なし：～をする方法がない
否ざれば即ち：そうでなければ。「即ち」はこの場合は訳さなくてもよい
実に：本当は　　単に：単なる　　也：断定の助動詞「なり」
憐れむ可し：気の毒なことに　　～を有す：～を持っている　　躰［体］躯：身体
英霊なる人生：英霊（国のために死んだ人）としての人生
～を強る：～を強制する　　現時：現在　　嗚呼：ああ。どうしようもない気持ちを表す
田畒：田や畑　　独り：孤独に　　～に倚［寄］る：～に寄りかかる
空しく：どうしようもなく、なすすべなく　　飢に泣く：食べ物がなくて泣く
而して：そして　　元より：言うまでもなく　　期す可らず：期待できない
而も：しかも、それにもかかわらず　　職分とする所：しなければならないこと

～を尽す：～に全力を尽くす　　露国：ロシア　　同胞：仲間。Fellow human beings
残暴の：残虐な　　唯(ただ)～のみ：ただ～だけだ　　惨事に会す：悲惨な出来事に遭遇する
朔北(さくほく)の野：北の荒野　　～に奮進(ふんしん)する：～に突き進む
～と共に／与に：～といっしょに

[文法]

①　諸君今や人を殺さんが為(た)めに行く

末然形＋んがため（為）に：～するために

②（諸君を）自動機械と為(な)せる現時の社会制度の罪也

AをBと為す：Aを（強制的に）Bにする

③　吾人諸君と不幸にして此悪制度の下に生るるを如何せん

連体形／名詞＋を如何せん：～をどうすればいいか（どうしようもない）（反語）

④　彼等に対して残暴の行あること勿(なか)れ

～なか（勿）れ：～するな

[読むとき、ここに注目]

本文を読んで、次の質問に答えてください。

1．下線部Aを現代語に訳してください。

2．下線部Bを現代語に訳してください。

3．下線部Cを現代語に訳してください。

[調べてみよう、考えてみよう]

1．この文章は、日露戦争中の1904（明治37）年に『平民新聞』に発表されたものです。同じ年には与謝野晶子による反戦詩「君死にたまふことなかれ」(p.132)が発表されました。「反戦」という観点から両者を比較してみてください。

2．筆者である幸徳秋水は大逆事件で逮捕され、処刑されます。大逆事件について、時代背景を含めて調べてみましょう。

幸徳 秋水（こうとく しゅうすい） 1871（明治4）～1911（明治44）

高知県出身。10代で中江兆民の弟子となる。「秋水」は中江から与えられた名である（幸徳は中江が死の直前に記した『一年有半（ひとねんゆうはん）』『続一年有半』を、中江の依頼を受けて出版している)。新聞記者時代に、田中正造の依頼を受けて「直訴状」の下書きを起草する。日露戦争に際しては非戦論の立場から、当時所属していた新聞社を退社し、『平民新聞』を創刊する。日本社会党の結党に参加するが、次第に無政府主義に傾いていった。明治末期に発覚した明治天皇暗殺計画（大逆（たいぎゃく）事件）で逮捕され、暗殺計画には関与していなかったにもかかわらず処刑された。

「兵士を送る」は、日露戦争が始まった1904（明治37）年に『平民新聞』第14号に発表されたもので、非戦論の立場に立ちつつ、戦争時において、否応（いやおう）なく国家によって殺人の道具にされてしまう兵士に対する幸徳の心情が見事に表現されている。

「論語講義」より

渋沢 栄一

【本文】

①子曰。貧而無レ怨難。富而無レ驕易。

訓読　子曰く、②貧にして怨みなきは難く、富んで驕ることなきは易し。

講義　貧は人の逆境なり。衣食住の困苦艱難は万人の均しく厭う所なり。これ、貧に優る苦しみはなしという諺ある所以。資本家と労働者、地主と小作人の争いもAこれによりて生じ、富の分配論も、社会学説もこれによりて起り、共産主義も、無政府主義も、またみなこれによりて発す。四海困窮すれば、天禄永く終らんの古訓、千古万古動かすべからざる格言たり。貧に処りて不平怨懟の意なきは、道に得るありて天命を楽しむ顔淵・原憲のごとき人にあらざれば、能わざる所なり。尋常の人はたいてい自己の怠惰もしくは非運を思わずして、人を怨み、世を怨み、発して階級打破の声となり、動きて不軌の作為となり、社会の秩序を紊り、国家の安寧を傷るにいたる。嘆ずべきかな。

明治天皇のおりにふれてよみ給う御製に、

③天をうらみ人をうらむる事もあらじ　④わがあやまちをおもひかへさば

富は人の順境なり。衣食住の快楽便安は衆民の同じく悦ぶ所なり。これ「一も金、二も金、三も四もまた金」という諺ある所以なり。司馬遷が貨殖伝を立てて、利は人の性情なりと道破せしは、千古の卓見といわざるべからず。学に勉め業に励み、身を立て世に出る、みな富を得んとするに外ならず、農人が鶏鳴を聴いて野に出で、星を戴いて家に帰り、風雨暑寒を避けず、刻苦精励する所以のもの、商賈が二六時中牙籌を執って、曝書堆裏に没頭して、錙銖の輸贏を争う所以のもの、学者が学に勤め、宗教家が布教に尽くし、医家が病を治し、教員が学生に教授し、巡査が非違を警め、官吏が公務に鞅掌し、軍人が戦闘に粉骨砕身し、工夫が地下の暗黒裡に活計し、舟人が万里の波濤に浮沈し、航空家が大空を翺翔する危険を冒す等、Bみな富を得て衣食住の安定を図らんとするにあらざるはなし。富なるかな、富なるかな、正徳厚生利用は聖教の眼目なり。故に富を積むは人世の要道なりと雖も、その弊や富に処れば、驕奢に流れ易く、我が邦の有名なる紀國屋文左衛門や、近頃にては神戸の富豪光村利藻のごときこれなり。然れども、富に処りてよく義利を弁じ、検束自ら持すること、なお子貢や我が邦の徳川家康公のごとくするは、常人もこれをなし易しとなす。近代は富を得て贅沢をなさんと欲する人多くなれる傾きあり。かくては人の

嫉視する所となるのみならず、贅沢は我が心身をも併せて亡ぼす害あり。⑤慎しまざるべけんや。古歌に、

⑥世にふればことの葉しげき呉竹の　うきふしごとにうぐひすぞなく

これを要するに人はまさに貧にして怨みなきの難きを勉めて、富んで驕るなきの易きを忽にすべからざるなり。学而篇第十五章の講義を参看すべし。

[語彙・表現]

子曰く：『論語』の多くの章がこのことばで始まる。「子」は孔子（紀元前551～紀元前479）のことで、「先生がおっしゃった」という意味

驕る：いい気になる、増長する　艱難：苦労、辛いこと　万人：全ての人

均しく：同じように　厭う：嫌がる　～に優る：～以上の

小作人：自分の土地を持たない農民、小作農（自分の土地を持つ農民は自作農）

四海困窮すれば、天禄永く終らん：論語堯曰篇のことばで、「四海」は世の人々、「天禄」は天が与えた幸運のこと。為政者が政治を誤り、人々が困窮したら、天がその為政者に与えた幸運も終わるだろうという意味

古訓：古くからある格言　千古万古：ずっと長い間　怨懟：腹を立てて恨む

顔淵、原憲：ともに孔子の優れた弟子　尋常の：普通の　怠惰：怠けていること

不軌の作為：法律に従わない行為　紊る：秩序などを乱す　御製：天皇が作った和歌

衆民：みな

司馬遷：『史記』を著した古代中国の歴史家（紀元前145or135～紀元前87or86）。

貨殖伝：『史記』における個人の伝記である列伝の中の富豪の伝記

性情：気質　道破す：はっきりと指摘する　卓見：優れた見解

刻苦精励す：懸命に努力する　商賈：商人　二六時中：一日中。四六時中と同じ

牙籌を執る：収支を計算する　曝書：本を虫干しすること　堆裏：積み上げること

錙銖の輸贏を争う：些細な勝ち負けを争う　非違を警む：違法行為を取り締まる

粉骨砕身す：全力を尽くす　波濤に浮沈す：波で浮き沈みする

翺翔す：高く飛ぶ　正徳厚生：正しい徳で暮らしを豊かにすること

聖教：ここでは孔子の教えのこと　眼目：重要な点　要道：重要な点

弊：問題点、弊害　富に処れば：気持ちが富に引きつけられると　驕奢：ぜいたく

紀國屋文左衛門：江戸時代の有名な富豪、晩年は没落したと言われる

光村利藻：明治から昭和前期の実業家　よく義利を弁ず：人の道を理解する

検束自ら持す：自分で身を慎む　傾き：傾向　かくては：このようなことでは

嫉視す：うらやましく思い、ねたむ　忽にす：いい加減にする

[文法]

① **子曰。貧而無怨難。富而無驕易。**（子曰ク。貧ニシテ而無キハ怨ミ難ク。富ンデ而無キハ驕ルコト易シ。）

この部分の読み方は付録「漢文訓読のルール」(p.148) を参照

② **貧にして怨(うら)みなきは難(かた)く**

貧にして：貧であって（＝貧しくて）　**怨(うら)みなきは**：「なき」の後に「こと」を補う

③ **天をうらみ人をうらむる事もあらじ**

「じ」は「〜ないつもりだ、〜ないだろう」の意味の助動詞

④ **わがあやまちをおもひかへさば**

「わが」は「私の」、「おもひかへさば」は「おもひかへす」の未然形＋ば

⑤ **慎(つつ)しまざるべけんや**

〜ざるべけんや：現代語の「ではないだろうか」に当たる

⑥ **世にふればことの葉しげき呉竹(くれたけ)の　うきふしごとにうぐひすぞなく**

世にふれば：「ふれば」は「経」の「已然形＋ば」で、長く生きていると、の意味

ことの葉しげき：「ことのは」は「ことば」のこと、「しげき」は多いこと

呉竹(くれたけ)の：前の「葉」は呉竹の葉との掛詞(かけことば)

うきふし：「うき」は「憂し」（つらい）の連体形、「ふし」は時で全体で

「長く生きていると呉竹の葉のようにいろいろなことを言われる。そうした辛いときに鶯の鳴く声が聞こえる」という意味

[読むとき、ここに注目]

本文を読んで、次の質問に答えてください。

1．下線部A「これ」が指すものを本文から抜き出してください。

2．下線部Bを現代語に訳してください。

3．次のうち、筆者の主張として本文の内容と合うもの全てに○をつけてください。

a. お金を持つとすぐに贅沢をするようになるから、お金を持つことはよくない

b. 貧しさは誰にとっても嫌なことであり、お金を稼ぐことは悪いことではない

c. 豊かになることは悪いことではないが、贅沢な生活をすることはよくないことだ

d. 貧しさの中で他人を恨まないことは、豊かさの中で生活を慎むことより簡単だ

渋沢 栄一（しぶさわ えいいち） 1840（天保11）～1931（昭和6）

現在の埼玉県の豪農の出身で幕末に武士になる。一橋慶喜（ひとつばしよしのぶ）（後の第15代将軍徳川慶喜）に仕え、幕臣となる。明治維新後は、初め大蔵省の官僚となるが、1873（明治6）年に辞任し、その後は実業家として活躍する。第一国立銀行（後の第一勧業銀行、現在のみずほ銀行）の設立に尽力し、そこを通じて、全国の国立銀行の設立を支援した。その他にも、現在の王子製紙、東京海上日動火災保険、東京電力、東京ガスなど数多くの企業の設立に尽力した。また、森有礼が創立した商法講習所（現在の一橋大学の前身）を資金援助するなど、教育や福利厚生の方面でも活躍した。

『論語講義』は、渋沢が幼少期に学んだ「論語」の思想を講義する形を取りつつ、倫理と利益の共存を目指す道徳経済合一説（どうとくけいざいごういつせつ）などを説いたものである。

直訴状

田中 正造

【本文】

謹奏

田中正造

草莽の微臣田中正造誠恐誠惶頓首頓首謹て奏す。伏て惟るに臣田間の匹夫敢て規を踰え法を犯して鳳駕に近前する①その罪実に万死に当れり。而も甘じて②これを為す所以のものは洵に国家生民の為に図りて一片の耿耿竟に忍ぶ能わざるものあればなり。伏て望むらくは陛下深仁深慈③臣が至愚を憐れみて少しく④乙夜の覧を垂れ給わんことを。

伏て惟るに東京の北四十里にして足尾銅山あり。近年鉱業上の器械洋式の発達するに従いてその流毒ますます多くその採鉱製銅の際に生ずる所の毒水と毒屑とこれを澗谷を埋め渓流に注ぎ、渡良瀬河に奔下して沿岸その害を被らざるなし。加うるに比年山林を濫伐し⑤煙毒水源を赤土と為せるが故に河身激変して洪水また水量の高まること数尺毒流四方に氾濫し毒渣の浸潤するの処茨城栃木群馬埼玉四県及その下流の地数万町歩に達し魚族斃死し田園荒廃しＡ数十万の人民の中ち産を失えるあり、営養を失えるあり、或は業に離れ飢て食なく病て薬なきあり。老幼は溝壑に転じ壮者は去て⑥他国に流離せり。此の如くにして二十年前の⑦肥田沃土は今や化して黄茅白葦満目惨憺の荒野と為れるあり。

臣夙に鉱毒の禍害の滔滔底止する所なきと民人の痛苦その極に達せるとを見て憂悶手足を措くに処なし。嚮に選れて衆議院議員と為るや第二期議会の時初めて状を具して政府に質す所あり。爾後議会に於て大声疾呼その拯救の策を求むるここに十年、而も政府の当局は常に言を左右に托して⑧これが適当の措置を施すことなし。而して地方牧民の職に在るものまた恬として省みるなし。甚しきは即ちＢ人民の窮苦に堪えずして群起してその保護を請願するや有司は警吏を派してこれを圧抑し誣て兇［凶］徒と称して獄に投ずるに至る。而してその極や既に国庫の歳入数十万円を減じまた将に幾億千万円に達せんとす。現に人民公民の権を失うもの算なくして町村の自治全く頽［退］廃せられ貧苦疾病及び毒に中りて死するものまた年々多きを加う。

伏て惟みるに陛下不世出の資を以て列聖の余烈を紹ぎ徳四海に溢れ威八紘に展ぶ。億兆昇平を謳歌せざるなし。而も輦轂の下を距る甚だ遠からずして数十万無告の窮民空しく雨露の恩を希うて昊天に号泣するを見る。⑨嗚呼これ聖代の汚点に非ずと謂わんや。而してその責や実に政府当局の怠慢曠職にして上は陛下の聡明を壅蔽し奉り下は⑩家国民生を以て念と為さざるに在らずんばあらず。嗚呼四県の地また陛下の一家にあらずや。四県の民また陛下の赤子にあらずや。政府当局が陛下の地と人とを把て此の如きの悲境に陥らしめて省みるなきものこれ臣の黙止すること能わざる所なり。

伏て惟るに⑪政府当局をして能くその責を竭さしめ以て陛下の赤子をして日月の恩に光被せしむるの途他なし。渡良瀬河の水源を清むるその一なり。河身を修築してその天然の旧に復するその二なり。激甚の毒土を除去するその三なり。沿岸無量の天産を復活するその四なり。多数町村の頽［退］廃せるものを恢［回］復するその五なり。加毒の鉱業を止め毒水毒屑の流出を根絶するその六なり。此の如くにして数十万生霊の死命を救い居住相続の基いを回復しその人口の減耗を防遏［圧］し、且つ我日本帝国憲法及び法律を正当に実行して各その権利を保持せしめ、更に将来国家の基礎たる無量の勢力及び富財の損失を断絶するを得べけんなり。もし然らずして長く毒水の横流に任せば⑫臣は恐るその禍の及ぶ所将さに測るべからざるものあらんことを。

臣年六十一而して老病日に迫る。念うに余命幾くもなし。ただ万一の報効を期して敢て一身を以て利害を計らず。故に斧鉞の誅を冒して以て聞す情切に事急にして涕泣言う所を知らず。伏て望むらくは聖明矜察を垂れ給わんことを。臣痛絶呼号の至りに任うるなし。

明治三十四年十二月

草莽ノ微臣田中正造誠恐誠惶頓首頓首

［語彙・表現］

草莽の微臣：民間のつまらない人間　誠恐誠惶頓首頓首：おそれながら

奏す：申し上げる　伏て：地に伏せて　惟るに：考えると

田間の匹夫：ただの田舎者　規を踰ゆ：規範を越え　法を犯す：法を破る

鳳駕：天皇の乗り物　而も：それなのに　甘じて：敢えて

一片の耿耿：心に思っていること　望むらくは：望むことは

深仁深慈：思いやりが深く憐れみが深いこと

足尾銅山：明治時代の有力な銅山。銅採掘の際の鉱毒が周辺の山林や農地を荒廃させ、健康被害を与えた足尾銅山鉱毒事件は日本の公害問題の原点と言われている

流毒：（銅山が）流す毒　毒屑：有害な廃棄物

澗谷を埋め渓流に注ぐ：谷を埋め、山の川に注ぐ

渡良瀬河：北関東を流れる利根川の支流　奔下する：流れ出る　加うるに：それに加えて

比年：最近　濫伐す：木を大量に切り倒す　数尺：「尺」は昔の長さの単位で1尺＝約30.3cm

町歩：昔の面積の単位で1町歩＝約1ヘクタール　斃死す：倒れて死ぬ

毒渣：水中の毒が沈殿したもの　浸潤する：液体がしみ込む

溝壑に転ず：貧困などのために死ぬ　此の如く：このように　夙に：早くから

禍害の滔滔底止する所なき：被害がずっと止まるところがないこと　民人：民衆
憂悶手足を措くに処なし：非常に憂いもだえている
状を具して政府に質す所あり：質問状をもって、政府に質問したことがある
爾後：それ以来　大声疾呼その拯救の策を求むる：大声で救済策を求める
言を左右に托して：はっきりと言わない　牧民：民衆を治める
恬として：平気な様子で　省みるなし：反省しない　有司：役人
警吏を派す：警官を派遣する　誣ゆ：事実を曲げて言う　兇［凶］徒：犯罪者
獄に投ず：牢屋に入れる　頽［退］廃す：すたれる　多きを加う：多くなる
列聖の余烈を紹ぐ：これまで歴代の天皇の功績を継ぐ　四海：国中　八紘：国の隅々
億兆：多くの臣民　昇平を謳歌す：平和を楽しむ
輦轂の下：天皇のお膝元、首都圏　無告：苦しみを訴える相手がいないこと
雨露の恩：大きな恵み　昊天：大空　聖代：天皇の治める世
曠職：職責を果たさないこと　壅蔽し奉る：覆い隠す。「奉る」は謙譲語
陛下の赤子：大日本帝国憲法の時代臣民（国民）は天皇の赤子（子ども）とされていた
人口の減耗を防遏［圧］す：人口の減少を防ぐ　幾くもなし：ほとんどない
報効：恩に報いること　斧鉞の誅を冒して：重罪、死刑になる覚悟で
聞す：申し上げる　涕泣言う所を知らず：涙が止まることなく流れる
聖明：天皇　矜察を垂れ給う：ご理解くださる
痛絶呼号の至りに任うるなし：（そうでなければ）主張をやめることができない

［文法］

①　その罪実に万死に当れり

万死に当れり：死に相当している。四段動詞「当る」の已然形＋完了の助動詞「り」

②　これを為す所以のものは～竟に忍ぶ能わざるものあればなり

これを為す所以のものは：これをする理由は

忍ぶ能わざる：我慢することができない

あればなり：あるからである（「あり」の已然形＋ば＋断定の助動詞「なり」）

③　臣が至愚を憐れみて

臣が至愚：「臣」は「私」のへりくだった言い方

が：「の」　全体で「私の愚かさを憐れんで」

④　乙夜の覧を垂れ給わんことを

「を」の後に「こいねがう」などが省略されている

乙夜の覧：天皇が手紙などを読むこと

垂れ給う：「乙夜の覧を垂れ給う」で「（この）手紙をお読みくださる」

⑤　煙毒水源を赤土と為せるが故に

赤土と為せる：「為せる」は「為す」の已然形＋完了の助動詞「り」の連体形

全体で「煙の毒が水源を赤土（の状態）にしているために」

⑥　他国に流離せり

流離せり：「流離す」（流れていく）の未然形＋完了の助動詞「り」の終止形

全体で「他国に流れて行っている」

⑦　肥田沃土は今や化して黄茅白葦満目惨憺の荒野と為れるあり

化して～と為れる：～になっている（「為る」の已然形＋完了の助動詞「り」の連体形）

黄茅白葦：荒れ果ててやせた土地　**満目**：見る限り　**惨憺**：ひどい

⑧　これが適当の措置を施すことなし

「が」は「の」の古い形。全体で「これのための適当な措置を施さない」

⑨　嗚呼これ聖代の汚点に非ずと謂わんや

～と謂わんや：～と言えるだろうか。いや言えない

⑩　家国民生を以て念と為さざるに在らずんばあらず

家国民生：故郷の生活

念と為さざるに在らずんばあらず：思わないではいられない

～あ（在）らずんばあらず：～わけにはいかない、～ではいられない

⑪　政府当局をして能くその責を竭さしめ以て陛下の赤子をして日月の恩に光被せしむるの途他なし

～をして…しむ：～に…させる

責を竭す：責任を果たす

日月の恩に光被（こうひ）す：日々の恩恵を受ける
～の途（みち）他なし：～以外に方法はない

⑫　臣は恐（おそ）るその禍（わざわい）の及ぶ所将（ま）さに測（はか）るべからざるものあらんことを
恐（おそ）る～ことを：通常の語順なら「～ことを恐（おそ）る」となるところを倒置している
将（ま）さに：必ず
測（はか）るべからざる：予測することができない

[読むとき、ここに注目]

本文を読んで、次の質問に答えてください。

1．下線部Aを現代語に訳してください。

2．下線部Bを現代語に訳してください。

[調べてみよう、考えてみよう]

この文章は、足尾銅山鉱毒事件について長年国会議員として取り組んできた田中正造が公害の実情を明治天皇に直訴するために書いたもので、幸徳秋水が原案を書き、田中正造が修正を加えたとされています。足尾銅山鉱毒事件とはどのようなものであったのか、同時の時代状況と合わせて調べてみましょう。

田中 正造（たなか しょうぞう）　1841（天保12）～1913（大正2）

現在の栃木県出身。自由民権運動に参加し、第1回衆議院議員選挙で当選後、当選6回を数える。日本の公害の原点と言われる足尾銅山鉱毒事件（あしおどうざんこうどくじけん）に際し、その悲惨な状況について帝国議会で質問をしたものの、答弁が得られなかったことから、議員を辞職し、明治天皇への直訴（じきそ）を行った。当時、天皇への直訴は死刑に当たる犯罪と見なされていた。直訴は警官に取り押さえられて未遂（みすい）に終わった。足尾銅山の鉱毒被害の中心となった栃木県の谷中村（やなかむら）は強制廃村となったが、田中はその死まで谷中村に留まり続けた。

「直訴状」は、田中が命をかけて、足尾銅山鉱毒事件の実情を明治天皇に直訴するために書かれたもので、幸徳秋水が原案を書き、田中がそれに修正を加えたものである。

参考１　「東洋大日本国国憲按」（抜粋）1881（明治14）年

植木 枝盛

第４編　日本国民及日本人民の自由権利

第40条　日本の政治社会にある者之を日本国人民となす。

第41条　日本の人民は自ら好んで之を脱するか及(および)自ら諾(だく)するに非ざれば日本人たることを削(のぞ)かるることなし。

第42条　日本の人民は法律上に於て平等となす。

第43条　日本の人民は法律の外に於て自由権利を犯されざるべし。

第44条　日本の人民は生命を全(まった)ふし、四肢(しし)を全ふし、形体を全ふし、健康を保ち、面目を保ち、地上の物件を使用するの権を有す。

第45条　日本の人民は何等の罪ありと雖(いえど)も生命を奪はれざるべし。

第46条　日本の人民は法律の外に於て何等の刑罰をも科せられざるべし。又た法律の外に於て鞠治(きくち)せられ、逮捕せられ、拘留せられ、禁錮せられ、喚問(かんもん)せらるることなし。

第47条　日本人民は一罪の為めに身体汚辱の刑を再びせらるることなし。

第48条　日本人民は拷問(ごうもん)を加へらるることなし。

第49条　日本人民は思想の自由を有す。

第50条　日本人民は①如何(いか)なる宗教を信ずるも自由なり。

第51条　日本人民は言語を述(の)ぶるの自由権を有す。

第52条　日本人民は議論を演(の)ぶるの自由権を有す。

第53条　日本人民は言語を筆記し、板行して之を世に公けにするの権を有す。

第54条　日本人民は自由に集会するの権を有す。

第55条　日本人民は自由に結社するの権を有す。

第56条　日本人民は自由に歩行するの権を有す。

第57条　日本人民は住居を犯されざるの権を有す。

第58条　日本人民は②何(いず)くに住居するも自由とす。又た何くに旅行するも自由とす。

第59条　日本人民は何等の教授をなし、何等の学をなすも自由とす。

第60条　日本人民は如何なる産業を営むも自由とす。

第61条　日本人民は法律の正序に拠(よ)らずして屋内を探検せられ、器物を開視せらるることなし。

第62条　日本人民は信書の秘密を犯されざるべし。

第63条　日本人民は日本国を辞すること自由とす。

第64条　③日本人民は凡(およ)そ無法に抵抗することを得(う)。

第65条　日本人民は諸財産を自由にするの権あり。

第66条　日本人民は何等の罪ありと雖も其私有を没収せらるることなし。

第67条　日本人民は正当の報償なくして所有を公用とせらることなし。

第68条　日本人民は各其名を以て政府に上書することを得。各其身のために請願をなすの権あり。其公立会社に於ては会社の名を以て其書を呈することを得。

第69条　日本人民は諸政官に任ぜらるるの権あり。

第70条　政府国憲に違背(いはい)するときは日本人民は之に従はざることを得。

第71条　政府官吏圧制を為すときは日本人民は之を排斥(はいせき)するを得。
政府威力を以て擅恣(せんし)暴逆を逞(たくまし)ふするときは、日本人民は兵器を以て之に抗することを得。

第72条　政府恣(ほしいまま)に国憲に背(そむ)き、擅(ほしいまま)に人民の自由権利を残害し、建国の旨趣を妨ぐるときは、日本国民は之を覆滅(ふくめつ)して新政府を建設することを得。

第73条　日本人民は兵士の宿泊を拒絶するを得。

第74条　日本人民は法廷に喚問せらるる時に当り、詞訴の起る原由を聴くを得。己れを訴ふる本人と対決するを得。己れを助くる証拠人及表白するの人を得るの権利あり。

※「東洋大日本国国憲按」は原文をひらがなに改め、旧仮名づかいで引用します。

[語彙・表現]

国憲：憲法　諾(だく)す：承諾する　～を全(まった)ふす：～を完全に行う
～と雖(いえど)も：～であっても　板行す：出版する　～に違背(いはい)す：～に違反する
擅恣(せんし)：好き勝手に。ほしいままに　暴逆を逞(たくまし)ふす：暴虐になる
覆滅(ふくめつ)す：（政府を）倒す、転覆する

[文法]

①　如何(いか)なる宗教を信ずるも自由なり

如何(いか)なる～も：どんな～も

② 何(いず)くに住居するも自由とす

何(いず)くに〜も：どこに／で〜も

③ 日本人民は凡(およ)そ無法に抵抗することを得(う)

凡(およ)そ：全て

〜ことを得(う)：〜ことができる

大日本帝国憲法（抜粋） 1889（明治22）年公布、1890（明治23）年施行

第１条　大日本帝国ハ万世一系ノ天皇之ヲ統治ス

第５条　天皇ハ帝国議会ノ協賛ヲ以テ立法権ヲ行フ

第11条　天皇ハ陸海軍ヲ統帥(とうすい)ス

第22条　日本臣民ハ法律ノ範囲内ニ於テ居住及移転ノ自由ヲ有ス

第23条　日本臣民ハ法律ニ依ルニ非スシテ逮捕監禁審問処罰ヲ受クルコトナシ

第24条　日本臣民ハ法律ニ定メタル裁判官ノ裁判ヲ受クルノ権ヲ奪ハル、コトナシ

第25条　日本臣民ハ法律ニ定メタル場合ヲ除ク外其ノ許諾ナクシテ住所ニ侵入セラレ及捜索セラル、コトナシ

第26条　日本臣民ハ法律ニ定メタル場合ヲ除ク外信書ノ秘密ヲ侵サル、コトナシ

第27条　日本臣民ハ其ノ所有権ヲ侵サル、コトナシ

２　公益ノ為必要ナル処分ハ法律ノ定ムル所ニ依ル

第28条　日本臣民ハ安寧秩序ヲ妨ケス及臣民タルノ義務ニ背カサル限ニ於テ信教ノ自由ヲ有ス

第29条　日本臣民ハ法律ノ範囲内ニ於テ言論著作印行集会及結社ノ自由ヲ有ス

※「大日本帝国憲法（明治憲法）」は原文のまま、旧仮名づかいで引用します。

参考２　君死にたまふことなかれ

（旅順の攻囲軍にある弟宗七を歎きて）

与謝野 晶子

ああ、弟よ、君を泣く、
君死にたまふことなかれ。
①末に生れし君なれば
親のなさけは勝りしも、
②親は刃をにぎらせて
人を殺せと教へしや、
人を殺して死ねよとて
廿四までを育てしや。

③堺の街のあきびとの
老舗を誇るあるじにて、
親の名を継ぐ君なれば、
君死にたまふことなかれ。
旅順の城はほろぶとも、
ほろびずとても、何事ぞ、
④君は知らじな、あきびとの
家の習ひに無きことを。

君死にたまふことなかれ。
すめらみことは、戦ひに
おほみづからは出でまさね、
互に人の血を流し、
獣の道に死ねよとは、
死ぬるを人の誉れとは、
⑤おほみこころの深ければ、
もとより如何で思されん。

ああ、弟よ、戦ひに
君死にたまふことなかれ。
⑥過ぎにし秋を父君に
おくれたまへる母君は、
歎きのなかに、いたましく、
我子を召され、家を守り、
⑦安しと聞ける大御代も、
母の白髪は増さりゆく。

暖簾のかげに伏して泣く
あえかに若き新妻を
君忘るるや、思へるや。
十月も添はで別れたる
少女ごころを思ひみよ。
⑧この世ひとりの君ならで
ああまた誰を頼むべき。
君死にたまふことなかれ。

※「君死にたまふことなかれ」は原文のまま旧仮名づかいで引用します。

[語彙・表現]

死にたまふ：「死ぬ」の尊敬語　　～なかれ：～ないでください

なさけ：愛情　　教へしや：教えたのだろうか（いや、教えてはいない）

堺：大阪の都市名　　あきびと：商人　　あるじ：主人　　旅順：日露戦争の激戦地

何事ぞ：何の関係もない　　すめらみこと：天皇陛下　　おほみづから：ご自身で

出でまさね：お出でにならないのに　　互に：互いに　　誉れ：名誉

暖簾：日本式のカーテン　　あえかに：か弱く　　添はで：いっしょに暮らさないで

[文法]

① 末に生れし君なれば

末：末っ子　**なれば**：断定の助動詞「なり」の「已然形＋ば」

② 親は刄をにぎらせて　人を殺せと教へしや、人を殺して死ねよとて　廿四までを育てしや

や：現代語の「だろうか」に当たる助詞

～とて：～と言って

③ 堺の街のあきびとの　老舗を誇るあるじにて、親の名を継ぐ君なれば

あるじにて：主人として

④ 君は知らじな、あきびとの　家の習ひに無きことを

「家の習ひに無きことを」は「知る」の目的語で倒置されている

知らじな：知らないのだろうか

⑤ おほみこころの深ければ、もとより如何で思されん

おほみこころ：天皇陛下のお心

深ければ：「ふかし」の「已然形＋ば」

もとより：もちろん

如何で～ん：どうして～だろうか。～はずはない

⑥ 過ぎにし秋を父君に　おくれたまへる母君は

おくれたまへる：「遅る」はここでは夫が先に亡くなる（夫に先立たれる）の意味

⑦　安(やす)しと聞(き)ける大御代(おおみよ)も

安(やす)し：安楽だ

〜と聞ける：「聞く」の已然形＋完了の助動詞「り」の連体形：〜と聞いている

⑧　この世ひとりの君ならで　ああまた誰(たれ)を頼むべき

〜ならで：〜ではなくて、の意味の接続助詞相当表現

誰(たれ)を頼むべき：（あなた以外の）誰を頼ればいいのだろうか。（頼れる人はいない）（反語）

参考３　終戦の詔書

朕深ク世界ノ大勢ト帝国ノ現状トニ鑑ミ非常ノ措置ヲ以テ時局ヲ収拾セムト欲シ茲ニ忠良ナル爾臣民ニ告ク

①朕ハ帝国政府ヲシテ米英支蘇四国ニ対シ其ノ共同宣言ヲ受諾スル旨通告セシメタリ

抑々帝国臣民ノ康寧ヲ図リ万邦共栄ノ楽ヲ偕ニスルハ皇祖皇宗ノ遺範ニシテ朕ノ拳々措カサル所

曩ニ米英二国ニ宣戦セル所以モ亦実ニ帝国ノ自存ト東亜ノ安定トヲ庶幾スルニ出テ他国ノ主権ヲ排シ領土ヲ侵スカ如キハ固ヨリ朕カ志ニアラス

然ルニ交戦已ニ四歳ヲ閲シ朕カ陸海将兵ノ勇戦朕カ百僚有司ノ励精朕カ一億衆庶ノ奉公②各々最善ヲ尽セルニ拘ラス戦局必スシモ好転セス

世界ノ大勢亦我ニ利アラス

加之敵ハ新ニ残虐ナル爆弾ヲ使用シテ頻ニ無辜ヲ殺傷シ惨害ノ及フ所真ニ測ルヘカラサルニ至ル

③而モ尚交戦ヲ継続セムカ終ニ我カ民族ノ滅亡ヲ招来スルノミナラス延テ人類ノ文明ヲモ破却スヘシ

斯ノ如クムハ④朕何ヲ以テカ億兆ノ赤子ヲ保シ皇祖皇宗ノ神霊ニ謝セムヤ

⑤是レ朕カ帝国政府ヲシテ共同宣言ニ応セシムルニ至レル所以ナリ

⑥朕ハ帝国ト共ニ終始東亜ノ解放ニ協力セル諸盟邦ニ対シ遺憾ノ意ヲ表セサルヲ得ス

⑦帝国臣民ニシテ戦陣ニ死シ職域ニ殉シ非命ニ斃レタル者及其ノ遺族ニ想ヲ致セハ五内為ニ裂ク

且戦傷ヲ負ヒ災禍ヲ蒙リ家業ヲ失ヒタル者ノ厚生ニ至リテハ朕ノ深ク軫念スル所ナリ

惟フニ⑧今後帝国ノ受クヘキ苦難ハ固ヨリ尋常ニアラス

爾臣民ノ衷情モ朕善ク之ヲ知ル

然レトモ朕ハ時運ノ趨ク所⑨堪ヘ難キヲ堪ヘ忍ヒ難キヲ忍ヒ以テ万世ノ為ニ太平ヲ開カムト欲ス

朕ハ茲ニ国体ヲ護持シ得テ忠良ナル爾臣民ノ赤誠ニ信倚シ常ニ爾臣民ト共ニ在リ

若シ夫レ情ノ激スル所濫ニ事端ヲ滋クシ或ハ同胞排擠互ニ時局ヲ乱リ為ニ大道ヲ誤リ⑩信義ヲ世界ニ失フカ如キハ朕最モ之ヲ戒ム

⑪宜シク挙国一家子孫相伝ヘ確ク神州ノ不滅ヲ信シ任重クシテ道遠キヲ念ヒ総力ヲ将来ノ建設ニ傾ケ道義ヲ篤クシ志操ヲ鞏クシ誓テ国体ノ精華ヲ発揚シ世界ノ進運ニ後レサラムコ

トヲ期スヘシ

爾臣民其レ克ク朕カ意ヲ体セヨ

御名御璽

昭和二十年八月十四日

内閣総理大臣鈴木貫太郎

＊この文章は原文のまま掲載しています。こうした公的文書では漢字カタカナ書きが一般的で、（半）濁点や促音（っ）は表記されません。

［語彙・表現］

朕：天皇が使う1人称　大勢：大きな流れ　～ニ鑑ミル：～に照らして考える
非常ノ措置：非常時の措置　忠良ナリ：忠実で善良な　爾：お前たち
臣民：大日本帝国憲法下での国民の呼び方　抑々：元はと言えば
康寧：体が健康であること　万邦：全ての国　楽ヲ偕ニス：いっしょに楽しむ
皇祖皇宗：天皇の祖先　遺範：残した教え　拳々措カサル所：常に心に留めていること
曩ニ：先に　庶幾ス：切望する　固ヨリ：初めから　～ヲ閲ス：～が経過する
励精（ス）：精神をふるい起こす　衆庶：庶民　加之：それだけではなく
残虐ナル爆弾：広島と長崎に投下された原子爆弾　無辜：罪のない人々
而モ：しかも　終ニ：最終的に　延テ：それが原因となって　破却ス：破滅させる
斯ノ如クムハ：このようなことになれば
億兆ノ赤子：「億兆」は日本の人口、「赤子」は大日本帝国憲法の時代に臣民は「天皇の赤子」と呼ばれていたことを踏まえている　謝ス：謝る　～ニ応ズ：（ここでは）～を受諾する
五内：全ての内臓。「五臓」と同じ　為ニ：そのために　裂ク：裂ける
災禍ヲ蒙ル：災難に遭う　厚生：暮らしを豊かにすること
軫念ス：心を痛める　惟フニ：考えてみると　衷情：まごころ
時運ノ趨ク所：世の中の流れが向かうところ　万世：これからの長い時間
太平ヲ開ク：平和への道を開く
朕ハ茲ニ国体ヲ護持シ得テ：私はここに国体を守ることができ（ポツダム宣言受諾に際し、「国体護持」のあり方をめぐって意見が対立し、その間に多くの命が失われた）
赤誠：まごころ　～ニ信倚ス：～を信頼する
夫レ：語調を整えるための語で現代語に訳す必要はない
情ノ激スル所：感情が高ぶって　濫ニ：思慮を欠いて
事端ヲ滋クス：争いごとを増やす　同胞排擠：同胞同士で互いに陥れたりする
大道ヲ誤ル：大きな道理を誤る　信義ヲ世界ニ失フ：世界から信頼を失う
神州：太平洋戦争終戦まで日本が自らを「神の国」と呼んでいたことを踏まえている

志操(しそう)ヲ鞏(かた)クス：志をはっきりと持つ　　**～ヲ体(たい)ス**：～を心にとどめ、守るようにする
御名御璽(ぎょめいぎょじ)：天皇の名前と印（はんこ）のことで、書類のこの位置にこの2つがあった

［文法］

①　**朕ハ帝国政府ヲシテ米英支蘇(ソ)四国ニ対(たい)シ其ノ共同宣言ヲ受諾スル旨(むね)通告セシメタリ**

AをしてBしむ：AにBさせる

米英支蘇(ソ)：アメリカ、イギリス、中国（支那）、ソ連（蘇）

～（連体形）旨(むね)：～ということ

②　**各々(おのおの)最善ヲ尽(つく)セルニ拘(かかわ)ラス戦局必スシモ好転(こうてん)セス**

～に拘(かかわ)らず：現代語の「～にも拘わらず」と同じ

必ずしも～ず：現代語と同じく、「必ずしも～というわけではない」という意味

③　**而(しか)モ尚(なお)交戦ヲ継続(けいぞく)セムカ**

継続(けいぞく)せんか：継続したらどうなるか

④　**朕何ヲ以テカ億兆ノ赤子(せきし)ヲ保(ほ)シ皇祖皇宗ノ神霊(しんれい)ニ謝(しゃ)セムヤ**

何を以てか～や：どうやって～することができるだろうか（どうしても～できない）

⑤　**是(こ)レ朕カ帝国政府ヲシテ共同宣言ニ応(おう)セシムルニ至レル所以ナリ**

是(こ)れ～所以なり：これが～の理由である

⑥　**朕ハ帝国ト共ニ終始東亜ノ解放ニ協力セル諸盟邦(しょめいほう)ニ対(たい)シ遺憾(いかん)ノ意ヲ表セサルヲ得(え)ス**

遺憾(いかん)の意を表せざるを得(え)ず：「～ざるを得ず」はここでは「～ないわけにはいかない」の意味

⑦　**帝国臣民ニシテ戦陣ニ死シ職域ニ殉(じゅん)シ非命ニ斃(たお)レタル者**

主名詞が先頭に来ている主要部内在型関係節 (→p.115) で、通常の語順なら「戦陣ニ死シ職域ニ殉シ非命ニ斃レタル帝国臣民」となる

⑧　今後帝国ノ受クヘキ苦難

受くべき苦難：「べし」はここでは「にちがいない、はずだ」の意味

⑨　堪ヘ難キヲ堪ヘ忍ヒ難キヲ忍ヒ

「難キ」の後に「こと」を補って考える　　忍ぶ：我慢する

⑩　[信義ヲ世界ニ失フ]カ如キハ朕最モ[之]ヲ戒ム

[　　]で囲んだものが同じものを指す言い方で、文語でよく使われ、日本国憲法にもその名残がある。この場合、現代語では「これを」を省略するのが普通である

・前項の目的を達するため、[陸海空軍その他の戦力]は、[これ]を保持しない。[国の交戦権]は、[これ]を認めない。　(日本国憲法第9条第2項)

⑪　宜シク挙国一家子孫相伝ヘ確ク神州ノ不滅ヲ信シ任重クシテ道遠キヲ念ヒ総力ヲ将来ノ建設ニ傾ケ道義ヲ篤クシ志操ヲ鞏クシ誓テ国体ノ精華ヲ発揚シ世界ノ進運ニ後レサラムコトヲ期スヘシ

宜しく～べし：当然～しなければならないという意味を表す文型

付録　活用表

1．動詞

【主なもの】

・四段活用

・ラ行変格活用（ラ変）＊基本的に四段型

・下二段活用

・サ行変格活用（サ変）＊基本的に下二段型

【稀なもの】

・上二段活用

・上一段活用

・カ行変格活用（カ変）＊基本的に下二段型

・ナ行変格活用（ナ変）＊基本的に四段型

・下一段活用（「蹴」のみ）＊本書では省略します

四段活用（ア段からエ段に活用する）

〈特徴〉終止形と連体形が同形

例：書く（**現**　書く）

未然形	書か（ず、む、ば）
連用形	書き（たり）
終止形	書く（。）
連体形	書く（N）
已然形	書け（ば、ども）
命令形	書け（。）

ラ行変格活用（ラ変）

〈特徴〉終止形のみ四段と異なる

例：あり（**現**　ある）

未然形	あら（ず、む、ば）
連用形	あり（き）
終止形	**あり**（。）
連体形	ある（N）
已然形	あれ（ば、ども）
命令形	あれ（。）

下二段活用（ウ段とエ段に活用する）

〈特徴〉終止形と連体形が異なる

例：受く（現　受ける）

未然形	受け　（ず、む、ば）
連用形	受け　（たり）
終止形	受く　（。）
連体形	受くる（N）
已然形	受くれ（ば、ども）
命令形	受けよ（。）

サ行変格活用（サ変）

〈特徴〉連用形のみ下二段と異なる

例：す（現　する）

未然形	せ　（ず、む、ば）
連用形	し　（たり）
終止形	す　（。）
連体形	する（N）
已然形	すれ（ば、ども）
命令形	せよ（。）

上二段活用（イ段とウ段に活用する）

〈特徴〉終止形と連体形が異なる

例：過ぐ（現　過ぎる）

未然形	過ぎ　（ず、む、ば）
連用形	過ぎ　（たり）
終止形	過ぐ　（。）
連体形	過ぐる（N）
已然形	過ぐれ（ば、ども）
命令形	過ぎよ（。）

上一段活用（イ段のみに活用する）

〈特徴〉終止形と連体形が同形

例：見る（現　見る）

未然形	見　（ず、む、ば）
連用形	見　（たり）
終止形	見る（。）
連体形	見る（N）
已然形	見れ（ば、ども）
命令形	見よ（。）

カ行変格活用（カ変）

〈特徴〉未然形と命令形は不規則

それ以外は上二段型

来（く）（現 来る）

未然形	こ　　　（ず、む、ば）
連用形	き　　　（たり）
終止形	く　　　（。）
連体形	くる　　（N）
已然形	くれ　　（ば、ども）
命令形	こ／こよ（。）

ナ行変格活用（ナ変）

〈特徴〉連体形と已然形は二段型

それ以外は四段型

例：死ぬ（現 死ぬ）

未然形	死な　（ず、む、ば）
連用形	死に　（たり）
終止形	死ぬ　（。）
連体形	**死ぬる**（N）
已然形	**死ぬれ**（ば、ども）
命令形	死ね　（。）

2．形容詞（文 終止形が「－し」で終わる。終止形と連体形が異なる

現 終止形が「－い」で終わる。終止形と連体形が同形）

ク活用

〈特徴〉連用形が「く」で終わる

例：高し（現 高い）

未然形	高く（ば）高から（ず、む）
連用形	高く（、）高かり（き）
終止形	高し（。）
連体形	高き（N）高かる（べし）
已然形	高けれ（ば、ども）
命令形	高かれ（。）

シク活用

〈特徴〉連用形が「しく」で終わる

例：美し（現 美しい）

未然形	美しく（ば）美しから（ず、む）
連用形	美しく（、）美しかり（き）
終止形	美し　（。）
連体形	美しき（N）美しかる（べし）
已然形	美しけれ（ば、ども）
命令形	美しかれ（。）

＊いずれの場合も、助動詞に続くときなどに発音しやすいように「あり」の活用形をはさむことがある。例：高く**あら**ず（takakuarazu）→高からず（takakarazu）

3．形容動詞（ナリ活用は現代語のナ形容詞になった）

ナリ活用

例：静かなり（現　静かな）

未然形	静かなら（ず、む、ば）
連用形	静かなり（き）　静かに
終止形	静かなり（。）
連体形	静かなる（N）
已然形	静かなれ（ば、ども）
命令形	静かなれ（。）

タリ活用

例：堂堂たり

未然形	堂堂たら（ず、む、ば）
連用形	堂堂たり（き）　堂々と
終止形	堂堂たり（。）
連体形	堂堂たる（N）
已然形	堂堂たれ（ば、ども）
命令形	堂堂たれ（。）

＊いずれも断定の助動詞「なり」「たり」と同じ活用の仕方で、ラ変型の活用をする。

4．助動詞

る・らる（受身、可能、自発、尊敬）

未然形につく　下二段型

	る	らる
未然形	れ	られ
連用形	れ	られ
終止形	る	らる
連体形	るる	らるる
已然形	るれ	らるれ
命令形	れよ	られよ

しむ（使役）

未然形につく　下二段型

未然形	しめ
連用形	しめ
終止形	しむ
連体形	しむる
已然形	しむれ
命令形	しめ／しめよ

ん（む）（推量、意志）

未然形につく　四段型

未然形	×
連用形	×
終止形	む
連体形	む
已然形	め
命令形	×

けむ（過去の推量）

終止形につく（ラ変、形容詞、形容動詞は連体形）四段型

未然形	×
連用形	×
終止形	けむ
連体形	けむ
已然形	けめ
命令形	×

らむ（原因推量）

終止形につく（ラ変、形容詞、形容動詞は連体形）四段型

未然形	×
連用形	×
終止形	らむ
連体形	らむ
已然形	らめ
命令形	×

たり（完了）

連用形につく　ラ変型

未然形	たら
連用形	たり
終止形	たり
連体形	たる
已然形	たれ
命令形	たれ

り（完了）

四段の已然形とサ変の未然形につく　ラ変型

未然形	ら
連用形	り
終止形	り
連体形	る
已然形	れ
命令形	れ

けり（過去）

連用形につく　ラ変型

未然形	けら
連用形	×
終止形	けり
連体形	ける
已然形	けれ
命令形	×

き（過去）

連用形につく　特殊型

未然形	×
連用形	×
終止形	き
連体形	し
已然形	しか
命令形	×

つ（完了）

連用形につく　下二段型

未然形	て
連用形	て
終止形	つ
連体形	つる
已然形	つれ
命令形	てよ

ぬ（完了）

連用形につく　ナ変型

未然形	な
連用形	に
終止形	ぬ
連体形	ぬる
已然形	ぬれ
命令形	ね

ず（否定）

未然形につく　特殊型

未然形		ざら（む）
連用形	ず（、）	ざり（き）
終止形	ず（。）	
連体形	ぬ（N）	ざる（べし）
已然形	ね（ば、ども）	ざれ（ば、ども）
命令形		ざれ（。）

まじ（否定推量、否定意志）

終止形につく（ラ変、形容詞、形容動詞は連体形）シク活用型

未然形		まじから（む）
連用形	まじく（、）	まじかり（き）
終止形	まじ　（。）	×
連体形	まじき（N）	まじかる（べし）
已然形	まじけれ（ば、ども）	
命令形	×	

べし（当然、義務、推量）

終止形につく（ラ変、形容詞、形容動詞は連体形）ク活用型

未然形		べから（ず、む）
連用形	べく（、）	べかり（き）
終止形	べし（。）	
連体形	べき（N）	べかる（らむ）
已然形	べけれ（ば、ども）	
命令形	×	

ごとし（比況）

連体形、名詞、「が、の」につく

ク活用型

未然形	×
連用形	ごとく（、）
終止形	ごとし（。）
連体形	ごとき（N）
已然形	×
命令形	×

付録　旧仮名づかい

1．旧仮名づかいとは

「仮名づかい」は綴り（spelling）に当たるもので、語をどのように表記するかに関する規則です。現代英語では発音と綴りがずれていることがよくありますが、これは、元々は発音の通りに綴られていたものが、発音は変化したのに綴りは（ほとんど）変化しなかったことによります（堀田2016）。

これと同様のことが日本語にも見られます。太平洋戦争敗戦までは、文章の表記に、古い時代の発音を忠実に写したとされる旧仮名づかい（歴史的仮名づかいとも呼ばれます）が使われていました。しかし、上の英語の場合と同じく、日本語でも、発音の変化があり、その結果、近代文語文の時代には、旧仮名づかいの中に、その時代における実際の発音と表記がずれるものがかなり見られるようになっていました。そうした発音と表記のズレをできるだけなくしたのが太平洋戦争後使われるようになった現代仮名づかい（新仮名づかいとも呼ばれます）です。

現代仮名づかいは基本的に発音の通りに綴る表音仮名づかいですが、助詞の「は」「を」などは実際の発音である[wa][o]とずれています。これは旧仮名づかいのなごりです。

本書では、読みやすさを重視して、原文の旧仮名づかいを現代仮名づかいに変更してあります（リーダー編「参考」を除く）。そのため、本書を読む上では旧仮名づかいの知識は不要ですが、みなさんが今後自力で文語文を読む際には旧仮名づかいで書かれた文章を読む必要もあることから、ここでは旧仮名づかいと現代仮名づかいとの主な違いを見ておくことにします。

2．旧仮名づかいでのみ使われる文字

旧仮名づかいでのみ使われる文字があります。それは次の4つです（それぞれ、左がひらがなで右がカタカナ）。ゐ／ヰ、ゑ／ヱ。旧仮名づかいにおいて、ゐ（ヰ）はワ行イ段、ゑ（ヱ）はワ行エ段の文字です。つまり、旧仮名づかいでは、ワ行は「わゐうゑを／ワヰウヱヲ」となります。これは、古い時代には、「い[i]」と「ゐ[wi]」、「え[e]」と「ゑ[we]」「お[o]」と「を[wo]」の発音が異なっていたことの反映と考えられます。なお、ア行エ段とヤ行エ段（[e]と[ye]）も発音が異なっていたことがわかっていますが、ヤ行エ段を表す文字はありません。現代仮名づかいでは、「ゐ」「ゑ」は使われませんが、「を」は格助詞を表す場合に限って使われます。

3．ハ行の表記

「彼は奈良へ行った。」という文の下線部は表記上の[ha][he]とは異なり、[wa][e]と発音されます。これも旧仮名づかいのなごりですが、これは、発音が[ha][he]から[wa][e]に変化したことを示しています。実は、平安時代中期ごろに語中、語尾（助詞を含む）のハ行音がワ行音（ア段以外は最終的にア行音）に変化しました。これをハ行転呼と言いますが、その結果、「こひ（恋）」「言ふ（言う）」のような旧仮名づかいでハ行表記される語の多くでは、実際の発音と表記がずれることになりました。また、「言ふ」のようなハ行四段活用の語は旧仮名づかいでは「言は（未然形）、言ひ（連用形）、言ふ（終止形）、言ふ（連体形）、言へ（已然形）、言へ（命令形）」と表記されますが、実際の発音は「言わ、言い、言う、言う、言え、言え」となり、ワ行に活用しました。つまり、近代文語文の時代には、ハ行四段活用は、発音上は全てワ行四段活用に変化しており、現代仮名づかいでは表記上もワ行五段活用となっています。

4．その他の注意すべき表記

その他、注意すべき表記を列挙します。

現代仮名づかいで語頭に「い・え・お」が来る場合、旧仮名づかいでは「ゐ・ゑ・を」になることがあります。例：ゐど（いど。井戸）、ゑむ（えむ。笑む）、をか（おか。丘）

現代仮名づかいで「オ段＋う」（発音は[oː]＝オの長音）になるものの多くは、旧仮名づかいでは「あう」または「あふ」で書かれます。例：あふぎ（おうぎ。扇）、かうもり（こうもり。蝙蝠）、さう／さふ（そう）

現代仮名づかいで「－ゅう」で書かれるものの多くは、歴史的仮名づかいでは、「－イ段＋う」または「－イ段＋ふ」で書かれます。例：きうり（きゅうり。胡瓜）

現代仮名づかいで「－ょう」で書かれるものの多くは、歴史的仮名づかいでは、「－エ段＋う」または「－エ段＋ふ」で書かれます。例：けふ（きょう。今日）、でせう（でしょう）、てふ（ちょう。蝶）

現代仮名づかいで「じ」「ず」で書かれるものの中には、歴史的仮名づかいで「ぢ」「づ」で書かれるものがあります。例：ぢぢ（じじ。爺）、みづ（みず。水）

5．いろは歌

「ゐ」「ゑ」を加えた47音（47字）を重複することなく入れて意味のある歌にしたものに「いろは歌」があります（濁音は表記しませんが、実際は（）の部分は濁音です）。

いろはにほへと(゛)　ちりぬるを　わか(゛)よたれそ(゛)　つねならむ

うゐのおくやま　けふこえて　あさきゆめみし(゛)　ゑひもせす(゛)

〈解釈〉色は匂へど　散りぬるを　我が世誰ぞ　常ならむ

有為の奥山　今日越えて　浅き夢見じ　酔ひもせず

6．まとめ

以上、旧仮名づかいに関する注意点を挙げましたが、みなさんは文語文を書く必要はないので、ここで挙げた点についてはそれほど神経質になる必要はありません。

付録　漢文訓読のルール

一　レ点

㋐　少年易老学難成。（朱熹「偶成」）

〈1〉　少年易(やすク)レ老(おイ)学難(がたシ)レ成(なり)。

A　①②③レ④⑤⑥レ⑦

B　①②④③⑤⑦⑥（読む順）

【読み下し文】

C　少年老(お)い易(やす)く学成(な)り難(がた)し。

意味（若い時代はすぐに去ってしまい、）すぐに年をとってしまうが、学問はなかなか成就しない。

㋑　一寸光陰不可軽。（朱熹「偶成」）

〈2〉　一寸光陰(いっすんノこういん)不レ可(べから)レ軽(かろンズ)。

A　①②③④⑤レ⑥レ⑦

B　①②③④⑦⑥⑤（読む順）

【読み下し文】

C　一寸(いっすん)の光陰(こういん)軽(かろ)んずべからず。

意味（だから）短い時間でもおろそかにしてはいけない。

中国語で書かれた文章（漢文）を日本語の語順に変換して日本語として読む方法を「漢文訓読」と言います。日本は、古代からこの方法で、中国から多くの制度や事物を取り入れ、漢文を通して学習された儒教や中国の政治、歴史、文学などに関する知識は、江戸時代は言うまでもなく、明治以降においても知識人の必須の教養とされていました。

漢文は㋐㋑のように漢字が連なった形で書かれています。これを白文と言います（厳密には句読点もないのが普通ですが、ここでは句読点をつけた形で考えます）。これを訓読する、つまり、日本語の語順で読むために、「返り点」を打ちます。返り点は、読む順番を変更するための記号で、漢字の左側に書きます。また、漢字の読み方は漢字の右側にひらがなで書き、送り仮名、助詞、助動詞など日本語として読む際に必要な語は漢字の右下にカタカナで書きます。

返り点にはいくつかの種類がありますが、まず、1字だけ上に行く「レ点(れてん)」について見ていきます。〈1〉は㋐の白文に返り点（ここではレ点）をつけたものです。まず、上の文を考えます。この文には7つの漢字があります。これにAのように返り点をつけます。レ点のついた文を読むときのルールは(1)のようになります。

(1)　a. 左下にレ点のない漢字はそのまま読む

b. 左下にレ点のある漢字は飛ばして、次の漢字を読む

c. bで読んだ漢字（＝左上にレ点のある漢字）のすぐ上の漢字を読む（レ点が連続する場合はさらにその上の漢字を読む）

d. 次のレ点のない漢字に移り、以下、同様に繰り返す

これを〈1〉に適用してみます。まず、ルール⑴aにしたがい、①②の順で読みます。次に、③は左下にレ点があるので飛ばして④を読みます。④は左上にレ点があるので、④の次に1文字上の③を読みます。次は⑤で、⑥は左下にレ点があるので飛ばして⑦を読み、⑦は左上にレ点があるので、⑦の次に1文字上の⑥を読みます。ここで、以上をまとめると〈1〉Cとなりますが、これを「読み下し文」と言います。

同様に、〈2〉を考えます。まず、返り点がない①②③④の順で読みます。次に、⑤⑥は左下にレ点があるので飛ばして、⑦を読みます。⑦は左上にレ点があるので、⑦の次に1文字上の⑥を読みます。さらに、⑥にも左上にレ点があるので、⑥の次に1文字上の⑤を読みます。以上をまとめると、〈2〉Cの読み下し文となります。

二　一二（三）点

〈3〉 百聞不レ如二一見一。（漢書・趙充国伝）

A ①②③レ④二⑤⑥一。

B ①②⑤⑥④③（読む順）

【読み下し文】

C 百聞は一見に如ず。

意味　百回聞いたことは一回見たことに及ばない。

＊英語の Seeing is believing. に相当する諺

〈4〉 君子恥三其言之過二其行一。（論語・憲問編）

A ①②③三④⑤⑥⑦二⑧⑨一。

B ①②④⑤⑥⑧⑨⑦③（読む順）

【読み下し文】

C 君子は其の言之其の行いに過ぐるを恥ず。

意味　君子（立派な人）は自分のことばが自分の行動以上であることを恥じる。（＝君子は言行不一致を恥じる）

次に取り上げるのは一二点です（3か所に使われる場合は一二三点）。レ点が一文字上に戻るのに対し、一二点は2文字以上、上に戻って読む際に使われます。一二点が含まれる場合の読み方は下のルール⑵のようになります。

⑵ a. 返り点のない漢字を読む

b. 左下にレ点のある漢字はルール⑴にしたがって、次の漢字を読んだ後に読む（ただし、左下にレ点のある漢字の次の漢字に返り点がついている場合はその漢字を飛ばす）

c. 次に返り点のない漢字を読む

d. 左下に二点（三点）のある漢字は飛ばして次の漢字に進む

e. 左下に一点のある漢字が出て来たら、一点のある漢字、二点のある漢字（、三点のある漢字）の順に上に戻って読む

最初に、このルール(2)にしたがって〈3〉を読んでみます。

①②には返り点がないのでそのまま読み、③は左下にレ点があり、④は左下に二点があるので飛ばして、⑤⑥の順に読みます。⑥は左下に一点があるので、(2)eのルールにしたがって⑥④の順で読みます。④は左上にレ点があるので、④の次に③を読みます。以上をまとめると、〈3〉Cの読み下し文になります。

次に、〈4〉を読んでみます。

①②には返り点がないのでそのまま読みます。③は左下に三点があるので飛ばし、④⑤⑥には返り点がないのでそのまま読みます。⑦は左下に二点があるので飛ばし、⑧には返り点がないのでそのまま読みます。⑨は左下に一点があるので、⑨⑦③の順に読みます。以上をまとめると、〈4〉Cの読み下し文になります。

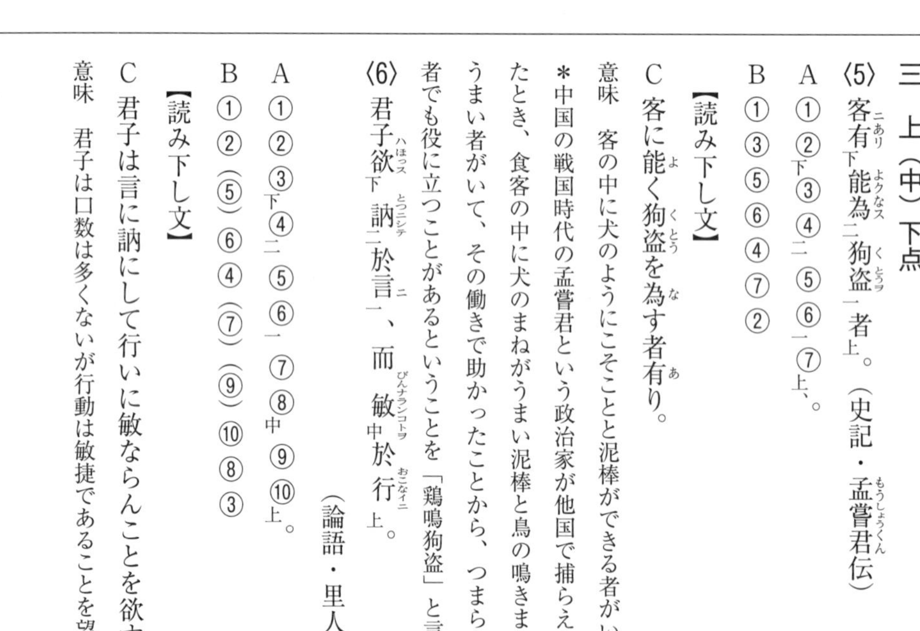

三　上（中）下点

〈5〉客有（ありニ）下能為（よくなス）二狗盗（くとうヲ）一者上。（史記・孟嘗君（もうしょうくん）伝）

A ①②下③④二⑤⑥一⑦上。

B ①③⑤⑥④⑦②

【読み下し文】

C 客に能（よ）く狗盗（くとう）を為（な）す者有（あ）り。

意味　客の中に犬のようにこそことと泥棒ができる者がいた。

＊中国の戦国時代の孟嘗君という政治家が他国で捕らえられたとき、食客の中に犬のまねがうまい泥棒と鳥の鳴きまねがうまい者がいて、その働きで助かったことから、つまらない者でも役に立つことがあるということを「鶏鳴狗盗」と言う。

〈6〉君子欲（ほっスハ）下訥（とつニシテ）二於言（ニ）一、而敏（びんナランコトヲ）中於行（おこなイニ）上。（論語・里人編）

A ①②③下④二⑤⑥一⑦⑧中⑨⑩上。

B ①②⑤⑥④⑦⑨⑩⑧③

【読み下し文】

C 君子は言に訥にして行いに敏ならんことを欲す。

意味　君子は口数は多くないが行動は敏捷であることを望む。

返り点の三つ目は上下点（じょうげてん）です。上下点は、一二点より広い範囲に戻るときに使われます。上下点（三段階ある場合は上中下点）を含む場合の読み方は下のルール(3)のようになります。

(3)　a. 返り点のない漢字を読む

b. 左下にレ点、一二点のある漢字は(1)(2)のルールに従って読み、続いて返り点の

ない漢字を読む

c. 左下に下点（中点）のある漢字は飛ばして、上点のある漢字が出て来たら、上点のある漢字（、中点のある漢字）、下点のある漢字の順に上に戻って読む

最初に、このルール(3)にしたがって、〈5〉を読んでみます。

まず、返り点のない①を読みます。②は左下に下点があるので飛ばして③を読みます。④は左下に二点があるので飛ばして⑤を読みます。⑥は左下に一点があるので、⑥④の順に読み、次に⑦に移ります。⑦は左下に上点があるので、⑦②の順に読みます。以上をまとめると、〈5〉Cの読み下し文になります。

次に、〈6〉を読んでみます。⑤の「於」⑦の「而」は「置き字」と言い、訓読では読みません。

まず、返り点のない①②を読みます。③は左下に下点、④は左下に二点があるので飛ばします。⑤は置き字で読まないので、⑥に進みます。⑥は左下に一点があるので、⑥④の順に読み、次に⑦に移りますが、⑦は置き字なので読まず、⑧は左下に中点があるので飛ばして⑨を読みます。⑩は左下に上点がついているので、⑩⑧③の順に読みます。以上をまとめると、〈6〉Cの読み下し文になります。

返り点には、上（中）下点より広い範囲に戻る甲乙（丙）点、甲乙（丙）点より広い範囲に戻る天地（人）点がありますが、上（中）下点と甲乙（丙）点、甲乙（丙）点と天地（人）点の関係はともに一二（三）点と上（中）下点の関係と同様なので割愛します。

四　返り点が重複する場合

〈7〉楚人有下鬻二盾与一レ矛者上（韓非子・難編）

A　①②③下④二⑤⑥一レ⑦⑧上。

B　①②⑤⑦⑥④⑧③

楚：古代中国の国名　鬻ぐ：売る

【読み下し文】

C　楚の人に盾と矛与を鬻ぐ者有り。

意味　楚に盾と矛を売っている者がいた。

＊「矛盾」の出典の故事

五　再読文字

〈8〉未レ有二小人而仁者一也。（論語・憲問編）

A　①レ②二③④⑤⑥⑦一⑧。

B　①③④(⑤)⑥⑦②①⑧

【読み下し文】

C　未だ小人にして仁なる者有らざる也。

意味　今まで小人（つまらない人間）で仁の心を持った者はいないのである。

ここでは、返り点が重複する場合を見ます。読み方のルールは(1)〜(3)の通りです。

〈7〉を読んでみます。まず、返り点がない①②を読みます。③は左下に下点があるので飛ばし、④は左下に二点があるので、④も飛ばして⑤に進みます。⑥は左下にレ点と一点があるので飛ばします。⑦は左上に返り点があるのでレ点のルールが適用され、⑦⑥の順に読みます。⑥は左下に一点があるので、⑥④の順に読み、⑧に進みます。⑧は左下に上点があるので、⑧③の順に読みます。以上をまとめると、〈7〉Cの読み下し文になります。

最後に、再読文字を取り上げます。再読文字は、前後セットで1つの意味を表すもので、同じ文字を2回読むことになるため、このように呼ばれます。ここでは、「今まで〜ない、まだ〜ない」の意味を表す「未」を取り上げます。「未」は「いまだ〜ず」と読みます。

〈8〉を読んでみます。「未」は再読文字なので、返り点があっても初めから読みます。①の次は③④です（②は左下に二点があるため）。⑤は置き字なので読まず、⑥を読みます。⑦は左下に一点があるので、⑦②の順に読みます。ここで②の左上のレ点が生きて、①に戻り、最後に⑧に進みます。以上をまとめると、〈8〉Cの読み下し文になります。

再読文字には「未」の他に、「将（まさニ〜ントス）今にも〜ようとする」「当・応（まさニ〜ベシ）当然〜すべきだ」「宜（よろシク〜ベシ）〜した方がよい」「須（すべからク〜ベシ）ぜひ〜する必要がある」「猶・由（なオ〜ガゴトシ）〜と同じようだ」「盍（なんゾ〜ザル）どうして〜しないのか」などがあります。

漢文訓読に関する主なルールは以上です。文語文は、漢文訓読体の影響を受けているので、漢文訓読についての一定の知識を持っておくと、文語文の理解がより進みます。

付録　参考年表

（★は本書収録の文章、※は本書収録の文章の著者に関する事項を示す）

1838（天保 9）年	緒方洪庵が大坂（大阪）に適塾を開く
1840（天保11）年	アヘン戦争が起こる（～42年）（香港がイギリスに割譲される）
1853（嘉永 6）年	**ペリー来航**
1854（嘉永 7）年	日米和親条約が締結される
1858（安政 5）年	安政の五カ国条約が締結される
	安政の大獄（吉田松陰らが処刑される）
1860（安政 7 ＝万延元）年	井伊直弼が暗殺される（桜田門外の変）
	※福沢諭吉が咸臨丸で渡米する
1866（慶応 2）年	薩長同盟が締結される
	徳川慶喜が15代将軍になる（※これに伴い渋沢栄一が幕臣となる）
1867（慶応 3）年	徳川慶喜が大政奉還を行う
	王政復古の大号令が発せられる（明治維新の開始）
1868（慶応 4 ＝明治元）年	鳥羽・伏見の戦いで新政府軍が幕府軍を破る
	新政府軍と旧幕府軍の戦い（戊辰戦争）が続く（～69）
	江戸城が無血開城される
	明治天皇が即位し、明治に改元される（一世一元制となる）
	江戸を東京と改称し、日本の首都とする
	五箇条の御誓文が出される
	※福沢諭吉が慶應義塾を開く
1869（明治 2）年	版籍奉還が行われる
1871（明治 4）年	廃藩置県が行われる、断髪令が出される
	岩倉使節団が米欧の視察に出発する（※中江兆民も随行する）
1872（明治 5）年	官営の富岡製糸場が開業する
	★「学問のすゝめ」（福沢諭吉）刊行開始

1873（明治 6 ）年	太陽暦（新暦）が採用される
	地租改正が行われる、徴兵令が出される
	明治6年の政変で西郷隆盛、板垣退助らが下野する
	※「明六社」が結成される
	※渋沢栄一が第一国立銀行（現みずほ銀行）を設立する
1874（明治 7 ）年	民撰議院設立建白書が出される
	※「明六雑誌」第1号が刊行される
	★「開化第一話」（森有礼）、「愛敵論」（西周）
1875（明治 8 ）年	**★「文明論之概略」（福沢諭吉）**
	★「死刑論」（津田真道）
	※森有礼が商法講習所（一橋大学の前身）を開設する
1876（明治 9 ）年	廃刀令が出される
1877（明治10）年	西南戦争で新政府軍が勝利する（西郷隆盛自殺）
	★「世に良政府なる者なきの説」（植木枝盛）
1878（明治11）年	大久保利通が暗殺される
1881（明治14）年	**★「東洋大日本国国憲按」（植木枝盛）**
1882（明治15）年	※中江兆民が「民約訳解」（J.J.ルソー「社会契約論」の翻訳）刊行
	★「為政者それ鑑みる所あれ」（中江兆民）
1884（明治17）年	朝鮮で甲申事変が起こる
1885（明治18）年	内閣制度が制定され、伊藤博文が初代総理大臣になる
	※福沢諭吉が「脱亜論」を発表する
	※足尾銅山鉱毒事件に関する最初の報道が行われる
1886（明治19）年	帝国大学（1897＝明治30年に東京帝国大学と改称）が成立する
1887（明治20）年	※中江兆民「三酔人経綸問答」が刊行される
1889（明治22）年	**大日本帝国憲法（明治憲法）が発布される**
	※夏目金之助が正岡子規と出会い、「漱石」の号を使い始める
1890（明治23）年	※第1回衆議院議員選挙が行われる
	森鴎外が「舞姫」を発表する
1894（明治27）年	**日清戦争が起こる（〜95年）**
	治外法権が撤廃される
1895（明治28）年	日本と清の間で下関条約が結ばれる（台湾が日本の植民地になる）
	三国干渉の結果、日本が清に遼東半島を返還する
1896（明治29）年	樋口一葉が「たけくらべ」を発表する

1900（明治33）年	立憲政友会が結成される
	中国で北清事変（義和団事件）が起こる
	※夏目漱石がイギリス留学に出発する
	※田中正造が国会で足尾銅山鉱毒事件に関する質問を行う
1901（明治34）年	八幡（やはた）製鉄所が始動する
	※幸徳秋水らが社会民主党を結成する
	※田中正造が明治天皇に直訴を行う
	★「直訴状」（田中正造。幸徳秋水が下書きを起草する）
	★「一年有半」（中江兆民）
	※「一年有半」「続一年有半」を幸徳秋水が校訂し出版する
	★「断片」（夏目漱石）
1902（明治35）年	日英同盟が成立する
1904（明治37）年	**日露戦争が始まる（～05年）**
	★「兵士を送る」（幸徳秋水）
	★「君死にたまふことなかれ」（与謝野晶子）
1905（明治38）年	ロシアで血の日曜日事件が起こる
	日本とロシアがポーツマス条約を結ぶ（日露戦争終結）
	日比谷（ひびや）焼き打ち事件が起こる
	東京で中国革命同盟会（中国同盟会）が結成される
	※夏目漱石が「吾輩は猫である」を発表する
1909（明治42）年	韓国統監の伊藤博文が安重根（あんじゅうこん）に暗殺される
1910（明治43）年	日本が韓国（朝鮮）を併合し、朝鮮総督府（ちょうせんそうとくふ）を置く
	※大逆（たいぎゃく）事件で幸徳秋水らが処刑される
	石川啄木（いしかわたくぼく）の『一握の砂』が発表される
	★「経済上の理想社会」（河上肇）
1911（明治44）年	辛亥革命（しんがいかくめい）で清が倒れ、中華民国が成立する（臨時大総統：孫文（そんぶん））
	関税自主権が完全に認められる
1912（明治45＝大正元）年	明治天皇が崩御（ほうぎょ）し、大正天皇が即位する
	★「憲法講話」（美濃部達吉）
	※美濃部達吉が天皇機関説を発表する
	第一次護憲運動が起こる
1913（大正 2 ）年	※河上肇がヨーロッパ留学に出発する

1914(大正 3)年	**第一次世界大戦が勃発する(～18年)**
	※夏目漱石が「こころ」を朝日新聞に連載する
	石橋湛山が「青島は断じて領有すべからず」を発表する
1915(大正 4)年	日本が中国の袁世凱政権に二十一カ条の要求を出す
	芥川龍之介が「羅生門」を発表する
1916(大正 5)年	吉野作造が民本主義を発表する
	※河上肇が「貧乏物語」を発表する
1917(大正 6)年	ロシア革命が起こる
1918(大正 7)年	第一次世界大戦が終結する
	日本がシベリア出兵を行う(～22年)、米騒動が起こる
1919(大正 8)年	パリ講和会議が開かれ、ベルサイユ条約が締結される
	朝鮮で三・一独立運動が起こる
	中国で五・四運動が起こる
1920(大正 9)年	国際連盟が発足する
	平塚らいてう、市川房枝らが新婦人協会を結成する
1921(大正10)年	石橋湛山が「大日本主義の幻想」を発表する
	ワシントン海軍軍縮会議が開かれる
1922(大正11)年	全国水平社、日本共産党が結成される
	イタリアでムッソリーニが政権に就く
1923(大正12)年	関東大震災が起こる
1924(大正13)年	レーニンが死去し、スターリンがソ連の権力を掌握
1925(大正14)年	普通選挙法、治安維持法が成立する
	ラジオ放送が始まる
	★「論語講義」(渋沢栄一)
1926(大正15 =昭和元)年	大正天皇が崩御し、昭和天皇が即位する
1927(昭和 2)年	金融恐慌が起こる
	芥川龍之介が自殺する
1928(昭和 3)年	張作霖爆殺事件が起こる
1929(昭和 4)年	世界恐慌が始まる
1930(昭和 5)年	ロンドン海軍軍縮条約を批准する
	統帥権干犯問題が起こる
	浜口雄幸首相が狙撃され死亡する

1931（昭和 6 ）年	**関東軍が柳条湖（りゅうじょうこ）事件を起こす（満州事変（まんしゅうじへん）勃発）**
	重要産業統制法が制定される
	宮沢賢治（みやざわけんじ）が「雨ニモマケズ」を書く
1932（昭和 7 ）年	海軍青年将校たちが犬養毅（いぬかいつよし）首相らを殺害（五・一五事件）
	関東軍が溥儀（ふぎ）を皇帝に立てて満州国を建国する
1933（昭和 8 ）年	小林多喜二（こばやしたきじ）が特高警察によって拷問され殺される
	※河上肇が治安維持法違反で逮捕される
	日本が国際連盟を脱退する
	フランクリン・ルーズベルトがアメリカ大統領に就任し
	ニューディール政策を開始する
1934（昭和 9 ）年	ドイツでヒトラーが政権を掌握する
1935（昭和10）年	※天皇機関説が国会で問題とされ（天皇機関説問題）、
	美濃部達吉が「一身上の弁明」と呼ばれる演説を行う
1936（昭和11）年	陸軍青年将校が高橋是清（たかはしこれきよ）蔵相（ぞうしょう）らを殺害（二・二六事件）
	西安（せいあん）事件が起こる
1937（昭和12）年	日独伊三国防共協定が締結される
	近衛文麿（このえふみまろ）が首相になる
	盧溝橋（ろこうきょう）事件をきっかけに日中戦争が始まる
	第二次国共合作が成立する
	国民精神総動員運動が始まる
	南京（なんきん）事件（南京大虐殺）が起こる
1938（昭和13）年	国家総動員法が成立する
1939（昭和14）年	**第二次世界大戦が起こる**
1940（昭和15）年	大政翼賛会（たいせいよくさんかい）が結成される
	皇紀（こうき）2600年の祝賀が行われる、日独伊三国同盟締結
1941（昭和16）年	日ソ中立条約が結ばれる、東条英機が首相となる
	米が配給制となる、全国中等学校野球大会が中止される
	真珠湾（しんじゅわん）攻撃をきっかけに太平洋戦争開戦（12月8日）
1942（昭和17）年	ミッドウェー海戦で日本軍が敗北する
1943（昭和18）年	学徒出陣が開始される、イタリアが連合国に降伏する
1944（昭和19）年	アメリカ軍機による空襲が始まる

1945(昭和20)年	ヤルタ会議が行われる(2月)
	東京、大阪などでアメリカ軍による大空襲(3月など)
	沖縄戦(4月〜6月)
	ドイツが連合国に降伏(5月)
	ポツダム宣言が日本に向けて出される(7月26日)
	アメリカ軍による原子爆弾投下(8月6日広島、9日長崎)
	ソ連が参戦する(8月8日)
	日本がポツダム宣言を受諾して無条件降伏する(8月15日)
	★終戦の詔書
	ミズーリ号の甲板上で降伏文書への署名が行われる(9月2日)

参考文献

家永三郎（1955）『革命思想の先駆者―植木枝盛の人と思想―』岩波新書
庵功雄（2012）『新しい日本語学入門（第2版）』スリーエーネットワーク
庵功雄（2016）『留学生と中学生・高校生のための日本史入門』晃洋書房
庵功雄（2020）「近代文語文を素材とする教育実践に関する一報告」『日本語教育』177
庵功雄・日高水穂・前田直子・山田敏弘・大和シゲミ（2020）『やさしい日本語のしくみ　改訂版―日本語学の基本』くろしお出版
石橋湛山／松尾尊兊編（1984）『石橋湛山評論集』岩波文庫
井上史雄（1998）『日本語ウォッチング』岩波新書
NHK取材班編著（2012a）『日本人は何を考えてきたのか　明治編』NHK出版
NHK取材班編著（2012b）『日本人は何を考えてきたのか　大正編』NHK出版
大久保利謙（2007）『明六社』講談社学術文庫
金田一春彦（1988a, b）『日本語　新版（上、下）』岩波新書
小林賢次（1996）『日本語条件表現史の研究』ひつじ書房
小松英雄（1999）『日本語はなぜ変化するか』笠間書院
阪倉篤義（1993）『日本語表現の流れ』岩波書店
清水康行（2013）『そうだったんだ！日本語　黒船来航　日本語が動く』岩波書店
正田庄次郎（1993）『抵抗の系譜―福沢諭吉・中江兆民・河上肇・石橋湛山』近代文芸社
高山善行・青木博史編（2010）『ガイドブック日本語文法史』ひつじ書房
田中牧郎（2013）『そうだったんだ！日本語　近代書き言葉はこうしてできた』岩波書店
中江兆民／桑原武夫・島田虔次訳注（1965）『三酔人経綸問答』岩波文庫
林竹二（1976）『田中正造の生涯』講談社現代新書
堀田隆一（2016）『英語の「なぜ？」に答える　はじめての英語史』研究社
松岡弘編著（2001）『一橋大学学術日本語シリーズ7　留学生のための日本語教科書　学術日本語の基礎（二）近代文語文を読む』一橋大学留学生センター
松永昌三（2001）『福沢諭吉と中江兆民』中公新書
丸山真男（1986a, b, c）『「文明論之概略」を読む（上、中、下）』岩波新書
山口明穂・鈴木英夫・坂梨隆三・月本雅幸（1997）『日本語の歴史』東京大学出版会

読書案内（ここに挙げたのはごく一部なので、興味を持った分野については各自でさらに調べてください）

※近代文語文について

清水（2013）、田中（2013）

※本書で取り上げた思想家について

家永（1955）、大久保（2007）、正田（1993）、林（1976）、松永（2001）、丸山（1986a, b, c）、NHK取材班（2012a, b）、および、本書の各出典（底本）の解説

※日本語のしくみについて（右に行くほど専門的）

庵ほか（2020）、金田一（1988a, b）、庵（2012）

※日本語の歴史について（右に行くほど専門的）

山口ほか（1997）、高山・青木編（2010）、小松（1999）、阪倉（1993）、小林（1996）

※現代日本語における言語変化について

井上（1998）

本文の底本、引用元

福沢諭吉「『学問のすゝめ』二編」『学問のすゝめ』岩波文庫、2012年、第95刷

福沢諭吉「『文明論之概略』より」松沢弘陽校注『文明論之概略』岩波文庫、2008年、第19刷

中江兆民「為政者それ鑑みるところあれ」松永昌三編『中江兆民評論集』岩波文庫、1993年、第1刷

中江兆民「『一年有半』より」井田進也校注『一年有半・続一年有半』岩波文庫、1995年、改版第1刷

森有礼「開化第一話」山室信一・中野目徹校注『明六雑誌（上）』岩波文庫、2008年、第2刷

西周「愛敵論」山室信一・中野目徹校注『明六雑誌（中）』岩波文庫、2008年、第1刷

津田真道「死刑論」山室信一・中野目徹校注『明六雑誌（下）』岩波文庫、2009年、第1刷

植木枝盛「世に良政府なる者なきの説」「東洋大日本国国憲案（抜粋）」家永三郎編『植木枝盛選集』岩波文庫、2007年、第8刷

夏目漱石「断片」三好行雄編『漱石文明論集』岩波文庫、2019年、第48刷

河上肇「「経済上の理想社会」より」杉原四郎編『河上肇評論集』岩波文庫、2007年、第3刷

美濃部達吉「『憲法講話』序」『憲法講話』岩波文庫、2019年、第2刷

幸徳秋水「兵士を送る」幸徳秋水全集編集委員会編『幸徳秋水全集第五巻』明治文献、1968年

渋沢栄一「『論語講義』より」『論語講義』明徳出版社、2007年、新版第4刷

田中正造「直訴状」由井正臣・小松裕編『田中正造文集（一）鉱毒と政治』岩波文庫、2013年、第2刷

与謝野晶子「君死にたまふことなかれ」『晶子詩篇全集』実業之日本社、1929年（青空文庫より引用）

大日本帝国憲法 国立国会図書館ウェブサイト（https://www.ndl.go.jp/constitution/etc/j02.html）（最終閲覧日2021年10月7日）

終戦の詔書 宮内庁ウェブサイト（https://www.kunaicho.go.jp/kunaicho/koho/taisenkankei/syusen/syusen.html）（最終閲覧日2021年10月7日）

あとがき

いかがだったでしょうか。

近代文語文（文語文）を読むという活動はこれまで日本語学習の中で日の目を見ることが少ないものであったと思いますが、今本書を読み終えたみなさんの目に、文語文を読むという活動はどのように映っているでしょうか。

精読編で福沢が述べている基本的人権の尊重について言えば、権利通義から見れば人は完全に平等だというその主張は、現在の日本においてどの程度実感されているでしょうか。また、中江が主張する政治家や官僚に求められる資質に関しては、そうしたエリート主義に対する反発が日本でも欧米でも見られ、2016年、2020年のアメリカ大統領選挙でそうした対立が浮き彫りになったことは記憶に新しいところです。また、著作権の関係で取り上げられませんでしたが、石橋湛山の「青島は断じて領有すべからず」「大日本主義の幻想」（『石橋湛山評論集』岩波文庫所収）もぜひ読んでみてください。

本書は、こうした現在の日本や世界の動きにもつながる内容を取り上げることによって、「日本語で学ぶ」活動と「日本語を学ぶ」活動の両立を目指したものでもあります。現在、日本語教育の世界でもCLIL（Content and Language Integrated Learning）という方法論が脚光を浴びています。本書もそうした流れにつながるものですが、「日本語で学ぶ」ことが強調される中で、ともすれば「日本語を学ぶ」という側面が軽視されがちであることを危惧し、「日本語を学ぶ」という点にも力を入れています。

本書は、留学生を対象とするものとして、背景知識や文法、語彙などの知識については十分に補っていますが、日本語母語話者の中学生や高校生が古文や日本の近現代史に興味を持つきっかけになることも視野に入れています。例えば、本書では、文語（近代語）と現代語は形態素レベルで1対1に対応させることで理解できるという「1対1対応の原則」を立てていますが、これは、文語（近代語）と現代語という2つの言語を比較する対照言語学的手法の応用でもあります。また、部分的に、英語との対照を行っていますので、そうした語学的関心から読み進めていただくことも可能です。

本書を用いた授業の実践例を以下の拙論で述べていますので、ご参照ください。

庵功雄（2020）「近代文語文を素材とする教育実践に関する一報告」『日本語教育』177号、pp.77-91

また、本書で扱った時代背景を知る上で、以下の拙著も参照してください。

庵功雄（2016）『留学生と中学生・高校生のための日本史入門』晃洋書房

本書をなすに当たり、スリーエーネットワークの松本昂大さんと佐野智子さんには大変お世話になりました。旧仮名づかいを現代仮名づかいに、旧字体を新字体に変更するなど、膨大な量の作業を引き受けてくださり、そのおかげで、内容面は言うまでもなく、テキストの校訂もしっかりしたものになりました。改めて心よりお礼申し上げます。

いつも心のやすらぎを与えてくれる家族に本書を捧げます。

本書は科研費21H00552（研究代表者：大津由紀雄）の研究成果の一部です。

2021年12月　庵　功雄

著者
庵　功雄（いおり　いさお）

1967年大阪府出身。大阪大学文学研究科博士課程修了（博士（文学））。大阪大学文学部助手、一橋大学留学生センター専任講師などを経て、現在、一橋大学国際教育交流センター教授。専門は、日本語教育、日本語学、テキスト言語学。主な著書に、『やさしい日本語』（岩波新書 2016年）、『「やさしい日本語」表現事典』（編著。丸善出版 2020年）、『新しい日本語学入門（第2版）』（スリーエーネットワーク 2012年）、『一歩進んだ日本語文法の教え方 1，2』（くろしお出版 2017年、2018年）、『日本語指示表現の文脈指示用法の研究』（ひつじ書房 2019年）、『留学生と中学生・高校生のための日本史入門』（晃洋書房 2016年）、『初級を教える人のための日本語文法ハンドブック』『中上級を教える人のための日本語文法ハンドブック』（いずれも共著。スリーエーネットワーク 2000年、2001年）などがある。

装丁・本文デザイン
山田武

＊本書に掲載する文章の表記は、原則として原文のままとしましたが、読者対象を考え、読みやすくするために、表記を改めたものもあります。
＊本書に掲載する文章中に、今日の社会通念や人権意識に照らして不適切、差別的な語句・表現が見られる箇所がありますが、執筆当時の時代的背景を考慮し、底本のまま掲載しておりますことをご了承ください。

留学生のための近代文語文入門
－現代の日本と日本語を知るために－

2021年12月10日　初版第1刷発行
2023年2月10日　第2刷発行

著　者　庵　功雄
発行者　藤嵜政子
発　行　株式会社スリーエーネットワーク
〒102-0083　東京都千代田区麹町3丁目4番
トラスティ麹町ビル2F
電話　営業　03（5275）2722
編集　03（5275）2725
https://www.3anet.co.jp/
印　刷　三美印刷株式会社

ISBN978-4-88319-897-9　C0081

落丁・乱丁本はお取替えいたします。